別冊　問題

大学入試 全レベル問題集

現代文

6　国公立大レベル

改訂版

Obunsha

目次

1

〈要約〉

構造と論理をつかむ問題

「進歩と変説」

末弘嚴太郎《すえひろいずたろう》

目標解答時間　30分

本冊（解答・解説）　p.56

この講では論述問題の基本として、今まで述べてきた文章の構造と論理ということを再確認するため、〈要約〉の練習をし、〈実戦編〉のスタートとします。それにプラスして、〈地固め編〉でも少しいいましたが、解答の書きかたの細かな原則を書いておきます。つぎのことを確認してください。まず、

梅 POINT
問題文の言葉を使うのが基本。問題文の表現が比喩や特殊な意味を含む語句であるときと、字数短縮のときだけ自分の言葉でイイカエるべし。

ただし慣用化されているポピュラーな比喩はOKです。「特殊な意味を含む語句」とは、筆者が独特の意味で使っている語句などのことです。たんにちょっとむずかしい抽象的な語句は、ふつうの意味で使われていると思ったら、そのまま使ってOKです。

自分の言葉で書きすぎて、問題文の内容と食い違うことを書いてしまう、というのは絶対避けてください。

・傍線部や問いかけに合わせて主語を決めると、その主語に合うところを使う箇所としてピックアップしやすくなる。

・使うべき問題文の箇所を、主語・目的語・述語をメインに単純化し、要素となるほかの箇所と並列的につなぐ。書くべき要素の順序を考え、その際主述の対応が問題文とズレないこと。

・同じ内容の繰り返しは×。

1

次の文章を読んで、後の問いに答えよ。

学者の変説改論は学者の無節操を意味するものだといってよく非難される。ところが偉大な学者の遺作を年代順に読んでゆくと、かなり大きな問題についてしばしば大きな変説改論が行われているにもかかわらず、そこになんらの非難すべきものをも感じない場合が多い。著者みずから変説についてなんらの言訳をもいっていないにもかかわらず、変説の過程がきわめて合理的に理解できる場合が非常に多い。なまじ自説を固持するために、みずからも無理とは知りつつ無理を押し通そうとする学者よりも、なんのこだわりもなく、その際自分の感じまた信ずるところを朗らかに述べている学者のほうにより多く好感のもてる場合が決して少なくない。むろん、いかにも不愉快だと思われる変説改論を見出《みいだ》すこともしばしばある。しかしそれは根本に確固たる信念をもたずに四囲を見廻してたえず時流を追うような——実は学者らしからざる——学者についてのみ見出しうることであって、真に学者らしい学者は学者としての進歩につれて時に大きな転回を行うにもかかわらず、われわれはそこになんらの不自然をも発見しえない。かえって大きく転回すればするほど、その人の偉大さを感ぜしめる。偉大な学者ほど偉大な転回をとげつつ、しかもわれわれになんらの不自然をも感ぜしめない。そういう偉大な学者の全生涯を通じて行われた思想的転回の跡をたずねてそこに一貫した合理性を見出すことは、偉大な学者の思想的生涯をその実践としての著作を通して研究するわれわれにとって無上の喜びを与えるものである。

（中略）

いったい人間の思想的進歩は決して直線的に行われるものではない。われわれの心の中にはたえず(注1)テーゼと(注2)アンチテーゼとの闘争が行われている。その闘争の結果、(注3)ジンテーゼが生まれた瞬間にはそれがまたただちにテーゼとなって新しいアンチテーゼを生み、そうしてそれらの闘争がたえず行われるのであって、それでこそ思想の進歩が可能なのである。そうしてこの闘争の現われとしての動揺は、あるいは一生を通じた大きな波として現われ、またあるいは瞬間的な微妙な波動としても現われるのであるが、その波長は学者が偉大であればあるほど、またその学者が読書と思索とのうちに努力する度合が大きければ大きいほど、大きく現われるのであって、(注4)イェーリングとウィントシャイトとの論争とその間に行われた交互的転回とは実にこの二人の学者の偉大さを如実に表明するものにほかならないのである。

　われわれの小さい体験だけから考えても、われわれの心は常にテーゼとアンチテーゼとの闘争で満たされている。そうしてその闘争の波長は、われわれがより多く読書し、より多く思索し、またより多く書き、もしくはいう場合に、最も大きくなることを感ずるのである。講義もしくは講演をした経験のある人々は誰しも感ずることと思うが、われわれが聴衆に向かってあることをいった瞬間にわれわれの脳裡《のうり》に——それまで全く思いも及ばなかった——今いったこととは全く正反対な考えが突如として浮かび出すものである。そうしてそのことは講義ないし講演の準備が最もよくできている場合に最も力強く実現するのである。また文筆に従事する人々は必ずや、あることを書いた瞬間に、その今書いたばかりのことが反対物になって瞬間後の己と対立するという事実を体験されるに違いないと思う。むろんこの動揺対立の程度は人によっていろいろ違うらしい。いわゆる遅筆といわれる人はまだ書かないうちから心の中ではげしい自己闘争をやっているに違いない、書いては消し、書いては原稿紙を破りながら、熱烈な心理的闘争をやっているに違いない。そうして不断の闘争を締切期限のために人為的に打ち切られていやいや原稿を手放すのが文筆に従事する人々多数の経験であると思う。まじめに思索する人々はおそらく、締切期限がないならば、永久に原稿を手放さないだろう。ああも考えこうも考え、ああも書きこうも書きつつ、永久に思索をつづけるに違いないと私は考えている。

しかし同時に私は同じ理由から、大きく進歩しようと志す学者は己みずからをたえずテーゼに固定するように努力すべきだと思う。偉大な思索能力をもつ学者は、いわずともまた書かずとも、己の心の中にテーゼを固定せしめつつ、ただちにアンチテーゼを生んで両者の闘争裡にジンテーゼを生むことができるかもしれないけれども、普通の学者にとっては、現在思っていることを言葉なり文章なりに体現してそれを完全なる外物に固定した上で、それをテーゼとしてただちにそれと心中のアンチテーゼとを闘争せしめたほうが、より容易に進歩をとげうるのではなかろうか。私にはどうもそう思われてならないのである。

凡庸なわれわれは心の中だけでテーゼとアンチテーゼとを明瞭に対立せしめる能力を十分もっていない。ところがひとたび考えを言葉なり文字の上に体現すると、それがただちに己を離れた外物になる。そうしてそれが己を批判もするし、己がまたそれを批判する。かくして相互的批判がただちにジンテーゼを生み出しつつ、そのジンテーゼがさらにただちにテーゼとなって新しいアンチテーゼを生み出す。そうしてそのテーゼとアンチテーゼとの闘争を克服せんとする努力こそ学者を進歩せしめるものだと思う。

私の知っている一人の学者は、ほとんどものを書かない、講義もしない。彼は黙々としてたえず読書し、また思索をつづけている。彼もまたその黙々のうちにたえず進歩をとげているのだと思う。そうして私は彼のように黙々のうちにそうした読書と思索との生活をつづけうる境遇を非常にうらやましく思うけれども、同時に彼がものをいい、ものを書くことによって、彼みずからをたえず外物化する努力をしたならば、彼がもっともっと容易に思想的発展をとげうるのではないかと思う。彼は黙々のうちにも立派に(注5)弁証法的発展をとげうる偉大な能力をもっている天才であるのかもしれない。しかし凡庸な私にはそうした彼の実践が結局自己陶酔のうちに彼を眠らせるのではないか、ひたすらそのことが心配される。

注

1 テーゼ……命題。判断。
2 アンチテーゼ……「テーゼ」と対立・矛盾するもの。「テーゼ」を否定するもの。
3 ジンテーゼ……「テーゼ」と「アンチテーゼ」の対立が解消され、統一された状態。
4 どちらもドイツの法学者。原典では（中略）の箇所で、その論争の内容が説明されている。
5 弁証法的発展……テーゼとアンチテーゼの対立が、ジンテーゼの状態に至ること。

問　本文の内容を二〇〇字以内で要約しなさい。

30点

〔出典：末弘厳太郎「進歩と変説」／『末弘著作集Ⅳ・嘘の効用』（日本評論社）所収〕

30点

2

評論

『現代思想講義——人間の終焉と近未来社会のゆくえ』

船木《ふなき》亨《とおる》

三重大学（改）

目標解答時間　25分

本冊（解答・解説）p.64

さあ、ここからふつうの記述問題に入ります。中堅の地方国公立大学では、結構むずかしい問題文が出題されます。今回の文章は、AIについてですが、AIは人間を超えられるか、というよくある話ではありません。AIは人間を救ってくれないという話です。それもそうした主張をする根拠がなかなかユニークです。まずはしっかり筆者の〈主張〉と〈その根拠〉をつないで読むことを意識してください。これも読みの基本です。

そして問二に抜き出し問題がありますが、記述問題は抜き出し問題の延長線上にあるということも確認しておいてください。抜き出し問題は一箇所、記述問題は複数箇所、本文から抜き出す。そしてまとめる。そんなつもりで、記述問題を恐れないこと！　では、どうぞ。

次の文章を読んで、後の問いに答えよ。

われわれは不安な時代を生きている。国際情勢、就活、地震、老後、失業、結婚、保育園、ハラスメント、親のａカイゴ、体調、うつ、詐欺、盗撮や痴漢をされる不安、痴漢したと誤解される不安、その他もろもろ……。

〈中略〉

科学技術のおかげで、人類を脅かすすべての不安材料がbフッショクされ、ひとはいよいよ安全で便利な生活をするようになると考えられていた。せいぜいキューブリック監督『2001年宇宙の旅』（一九六八年）に登場するHALのようなマザー・コンピュータが、人間に取って代わることになるかもしれないと危惧《きぐ》されていたくらいだった。その映画は、科学技術の楽観主義にちょっとした懐疑を投げかけていたが、しかし、問題はもっとずっと深刻だったことが、いま少しずつ見えてきている。

〈中略〉

あるひとたちは、(注1)AIの普及が管理社会を生みだすとか、個人のプライバシーがなくなってしまうとか、人間が機械に支配されるようになるとか、人間の仕事が奪われるとかいって、盛んに警鐘《けいしょう》を鳴らしている。それは間違ってはいないと思うのだが、もっと大きな問題がある。それは、①ひとびとの、さきに挙げたような不安を、AIは解消してくれそうにもないということである。

たとえば、わたしが失業しそうになって「うつ」の症状が出ているとして、もしAIが普及していたなら、その判断はどのようなものになるであろうか。転職の条件や状況について、あるいはどんな薬をcフクヨウすればいいかについては、正しい判断を与えてくれるだろう。だが、がんばれないわたしが、資本主義の根本的問題や社会保障政策の問題点などを考察しながら、自分の将来の目標を合理的に決定せず、したがってその適切な手段を実行しようとしないなら、——「愚行権《ぐこうけん》」といってもいいが——、それに対しては、どんなアドバイスをしてくれるだろうか。

AIは、「成りゆきまかせ」や「いちかばちか」や「横並び」や「放置する」や「なし崩しにする」や「破滅してもいい」といったタイプの動機に対して、どんなアドバイスをしてくれるだろうか。

まして、ひたすら親とのdカクシツに苦しんでいるひとや、新宗教の教義に囚《とら》われてしまっているひとや、他人を支配しようとすることばかりに注力しているひとなど、他人の判断をまったく受け容《い》れる姿勢のないひとたちの抱えている問題に対しては、そもそもどんなアドバイスがあり得るだろうか。

ＡＩは、マザー・コンピュータではない。つまり、母親のようには、あなたを気にかけてはくれない。ＡＩには、人類の未来や個人の将来を心配し、社会的諸条件と一人ひとりの意識を調停しようとする性質が原理的にない。そのことの方が、もっと問題である。

ＡＩは判断を創出しているのではなく、ひとびとのあらゆる判断を、ひとが感覚できないものまでのさまざまなデータを含め、〈中略〉ネット上の（注2）クラウドを介して繋《つな》がりあって、ひとが記憶できないほどの大量のデータ（ビッグデータ）を用いてシミュレートするだけである。

正しい判断をするのではなく、正しいとされた判断をさらにデータとしてインプットして、正しいとされる判断の確率を上げていくだけだ。ＡＩスマートロボットがギャグをいうにしても、それは世界中のひとたちの笑いの反応をクラウドを通じてフィードバックしているからであって、それらにとってはちっともおかしなことではないのである。

ＡＩにとって、人間は光学センサーの眼《め》のまえにいるのではなく、クラウド（群集）という靄《もや》のなかにいて、クラウド上のデータのなかから抽出される統計的存在者でしかない。正しさを判断するのはどこまでいっても人間であり、そもそも「正しさ」は人間にとってのものでしかない。機械にとっての正しさは、精確に作動すること、（注3）バグがないことでしかないのだ。誤りも、ただ訂正すべきデータにすぎず、それらにとっては、恥ずべきことなのではない。

したがって、もしAIにありとあらゆる判断を任せてしまうとしたら、それは確かに何らかの判断を示すだろうし、その判断は、いずれにせよ多くのひとが納得する妥当な判断ではあるだろうが、②しかしそこに「未来」はない。

未来とは、現在よりもよい状態になっているはずの、これから先のある時点のことである。単に時間の未来ということであれば、いつの時代にも未来はあるが、それはひとが期待して、それに向かって努力しようとする「未来」ではない。AIの説く未来は、現在の延長でしかない。

AIの前提する未来においては、ただ時だけが刻一刻と経《た》ち、暦がその数を積み上げていく。それは、時間測定法における未来であって、われわれの「未来」ではない。そこに夢や希望はない。未来という語が夢や希望という語と相《あい》重なっていた時代が終わり、未来という語で、せいぜい似たような要素がくり返し姿を現わす退屈な現在か、あるいはいたるところ、現在の廃墟《はいきょ》としての、破滅と悲惨とが組み込まれた疑似過去が待ち受けるばかりとなる。

AIの判断は（注4）外挿法《がいそうほう》的シミュレーションであり、過去に起こったことを未来に引き伸ばして予想する、その推測を詳細に徹底したものである。ルールがあって条件の変化しないものに対しては最強であるが、あり得ないことに挑戦するとか、いつもと違ったことをやってみるという判断は、そこにはない。ところが、そうした異例のことをなそうとする判断の向こうにこそ、人間の考える「未来」がある。

（注5）ルーティン化した業務における判断に対し、その判断のeキケツから生じる悲劇についての感性こそが、人間の判断を賦活《ふかつ》して、いつもとは異なった判断へとひとを差し向ける。夢や希望という名のもとに、明確なイメージがないとしても、ひとはそれぞれに「未来」に向けて判断しており、その場の「課題の解決」だけを考え

ているわけではないのである。

ＡＩが普及するということは、社会におけるさまざまな業務の運営が自動化され、人間からするとすべてが成りゆきまかせで何とかなるようになるということである。そこには、判断に意義を与えてきた「未来」を考える人間がいなくなってしまう。

だから、わたしがＡＩに心配するのは、ＡＩが人類を未来の消失から救ってくれそうもないということなのだ。むしろ、それに加担する装置なのではないかということだ。

従来ひとびとが抵抗してきたのは、勝手な、あるいは間違った判断をする政治権力に対してであった。だが、そうした、責任が追及されるべき権力も、ＡＩ機械が入り込んで、きっと淡泊なものになってしまうだろう。その結果として起こる事故や不祥事や争いは、一人ひとりが受忍するものでしかなくなってしまうだろう。状況をよりよいものへと改善したり、理想社会に向かおうとすることなど、だれも思いつけなくなってしまうだろう。

近代（モダン）にこそ、「未来」があった。歴史の発展段階があると前提されていたからである。「つぎの時代」があると前提されていたからである。

今日、「未来」がないのは、社会が悪いから、悲観的材料しかないからではない。ＡＩが出現したからでもない。逆に、ＡＩが普及し得る社会が到来したから、ＡＩが出現した。

すなわち、それがポストモダン社会である。ポストモダンとは、――ジェームズ・Ｃ・スコットによるとそれは一九七二年三月一六日だったそうだが（『実践　日々のアナキズム』第二章）――、近代が終わったということである。近代が終わったということは、「未来」がなくなったというそのことなのである。

なぜポストモダンになったのかとか、どうやったらまた近代のようになるのかとか、尋ねてみたいひともいるだろう。だが、モダンという「進歩する歴史」の時代を支えた人間の意識が摩耗《まもう》してしまったというだけのことなのだ。ひとびとはただ、そのような意識が虚《むな》しいと知ってしまった。人間が歴史の主人公ではないということを知ってしまった。モダンの神話が消えて、理念としての西欧文明の価値が暴落した、ということなのだ。

ひとはモダン（近代）の方がよかったというだろうか。だが、モダンがあったからポストモダンになった。モダンが完全に忘れ去られないかぎり、もはやモダンには戻り得ない。どうしてもモダンに戻りたいと思うひとは、世界戦争や小惑星の衝突といったカタストロフ（破滅的出来事）によって、大多数のひとびとの記憶が失われる事態を期待するほかはない。

注

1　AI……人工知能。
2　クラウド……ここではクラウドコンピューティングの略称。インターネット上にあるデータなどを、それがどこに存在するかを意識せずに使える環境。
3　バグ……プログラムの欠陥。
4　外挿法……既知の数値データを基にして、そのデータの範囲外の数値を予想する方法。
5　ルーティン化した……決まりきった

問一　傍線部a～eのカタカナを漢字に直せ。

a	b	c	d	e

2点×5

問二　傍線部①「ひとびとの、さきに挙げたような不安を、ＡＩは解消してくれそうにもない」とあるが、その理由を最も明確に表した一文を本文中から抜き出し、その最初の五字（句読点等を含む）を答えなさい。

5点

問三　傍線部②「しかしそこに「未来」はない」とあるが、なぜそのように言えるのか。ここでの「未来」の意味を明らかにして九〇字以内で述べなさい。

15点

2

問四　ＡＩが出現した理由を、「ポストモダン」という語を用いて六〇字以内で述べなさい。

10点

40点

［出典：船木亨『現代思想講義——人間の終焉と近未来社会のゆくえ』（筑摩書房）］

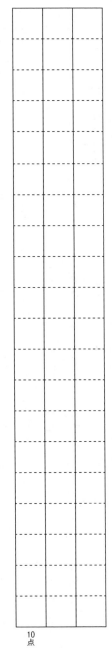

3

評論

「すばらしい『まだら状』の新世界」

池内恵《いけうちさとし》

北海道大学（改）

目標解答時間　30分

本冊（解答・解説）p.76

次の文章を読んで、後の問いに答えよ。

冷戦が終結した時、三〇年後の世界がこのようなものになっていると、誰が予想しただろうか。(注1)フランシス・フクヤマは『歴史の終わり』で、自由主義と民主主義が世界の隅々まで行き渡っていく、均質化した世界像を描いた。それに対して(注2)サミュエル・ハンチントンは『文明の衝突』で、宗教や民族を中心にした歴史的な文明圏による結束の根強さと、それによる世界の分裂と対立を構想した。

いずれの説が正しかったのだろうか？　確かに、世界の均質化は進み、世界の隅々まで到達したインターネットとスマートフォンの上で、自由主義や民主主義の理念も、気軽に手にして呼びかけることができる商品であるかのように普及した。しかしそれらが現実の制度として定着し、実現しているかというと、心もとない。

それではハンチントンの言う「文明の衝突」が生じたのか。確かに、冷戦終結直後のバルカン半島の民族紛争や、二〇〇一年のアル＝カーイダによる九・一一事件をきっかけとした、米国とイスラーム過激派勢力とのグローバルなテロと対テロ戦争の応酬、二〇一四年のイラクとシリアでの(注3)「イスラーム国」の台頭、といった事象を並べれば、世界は宗教や民族による分断と対立によって彩られているように感じられる。しかし実際の世界は、文明によって明確に分かたれていない。文明間を分け隔てる「鉄のカーテン」は、地図上のどこにもない。

むしろ「A文明の内なる衝突」の方が顕在化し、長期化している。イスラーム過激派は世界のイスラーム教徒とその国々を、国内政治においても、国際政治においてもまとめる求心力や統率力を持っていない。実際に生じているのは、イスラーム教徒の間の宗派対立であり、イスラーム諸国の中の内戦であり、イスラーム諸国の間の不和と非協力である。

「イスラーム国」やアル＝カーイダの脅威を受けるのは、なによりもまず中東やアフリカのイスラーム諸国であり、人々は宗教規範を掲げた独善を武力で押し付けるイスラーム過激派の抑圧から逃れるには、劣らず抑圧的な軍部・軍閥の元に庇護《ひご》を求めるしかない、という苦しい選択を迫られている。

これに向き合って、自由主義と民主主義の牙城となるはずの米国や西欧もまた、求心力を失い、内部に深い亀裂と分裂を抱えている。「欧米世界」の一体性と、その指導力、そしてそれが世界を魅了していた輝きは、多分に翳《かげ》りを見せ始めている。「欧米世界」は、外からは中国やロシアによる地政学的な挑戦を前にじりじりと後退を余儀なくされ、内からは、英国のＥＵ離脱、米国のトランプ政権にまつわる激しい分断に顕著な、揺らぎと分裂の様相を示している。冷戦後に「欧米世界」に歓喜して加わった東欧諸国をはじめとしたＥＵの周縁諸国からは、あからさまに自由主義や民主主義をかなぐり捨て、ポピュリズムと権威主義の誘惑に身を投げるかのような動きが現れている。

歴史は自由主義と民主主義の勝利で終わったわけでもなく、まとまりをもった巨大文明圏が複数立ち上がって世界を分かつこともなさそうである。

現在の世界秩序を何と呼べばいいのだろうか？　私は試みにそれを「まだら状の秩序」と呼んでみている。「まだら状」とは何か？　それははたして「秩序」と言いうるものなのか？

　現在の世界地図は、政治体制によっても、宗教や民族によっても、明確に分かたれていない。自由主義とイスラーム主義といったイデオロギーによる断裂の線は、地理的な境界を持たず、中東でもアフリカでも、欧米の国々でも、社会の内側に走っている。

　個々人の内側も、一方で、手にしたスマートフォンを今更手放せないのと同様に、慣れ親しんだ自由を享受せずにはいられないにもかかわらず、他方で、強い指導者に難問を委ね、即断即決の強権発動で解決してもらおうという心性に、知らずのうちに侵食されている。ここに「まだら」な状態が生じてくる。

　「イスラーム国」は、世界が様々な脅威によって不意に「まだら」に侵食されて変容する秩序変化のあり方を、先駆的に示したものだったと言えるのではないか。二〇一四年から二〇一八年にかけて急速に支配領域を拡大し、そして急速に消え去った B「イスラーム国」という現象は、旧来の世界史記述にあるような帝国や国家の盛衰とは、メカニズムを異にする。組織的な中央政府が秩序立った軍を整備して領域を拡大し、周辺諸国を「併《へい》呑《どん》」して国境線を外に広げていくのではなく、各地にポツポツと現れた「イスラーム国」への共鳴者たちが、それぞれの街区や町や地域を支配して、「まだら状」に支配領域を広げていく。従来の国家が国境と領土の連続性と一体性を原則とし、面的に広がっていくことを競ったのに対して、「イスラーム国」は地理的な連続性と一体性に囚われない。まるで散らばった水滴が繋《つな》がって水たまりとなり、池となり、やがては大海となるかのように、分散した主体が、各地で同じ方向の同じ動きを繰り返すうちに、外的環境が整うことによって結びつき、奔流のような勢いを持ち始める。

これを既存の国家や国際システムが押さえ込むには、多大な労力と犠牲を必要とする。「イスラーム国」のメカニズムは、イスラーム教の共通の規範体系という前近代に確立された「インフラ」を、グローバル化による移動の自由の拡大、情報通信の手段の普及という現代のインフラと結合させ、双方の恩恵を存分に受け、活用したものだった。確固とした中央組織を持たず、インターネットを通じて不特定多数に対して、イスラーム教の特定の規範の履行義務を繰り返し呼びかけ、自発的な呼応を誘う。これによって各地に「まだら状」に現れた同調者・小集団が個別に行う運動を、インターネット上で集約し、一つのものとして発信し、認知させる。それがまた新たな呼応者を生んでいく。

各個人がイスラーム主義の理念に惹《ひ》かれ呼応する、内なる動因に依拠した運動を抑圧するには、多大な自由の抑圧を伴いかねない。イスラーム過激派を抑圧するための行動が、自由主義と民主主義の抑圧をもたらしてしまうというジレンマである。「イスラーム国」が活性化した二〇一四年から二〇一八年にかけて、それを根絶するために、自由主義と民主主義の側が自らの理念を返上し、結果的に「イスラーム国」の理念が勝利するという（注4）ディストピアの実現のすれすれまで、世界は知らずのうちに追い込まれたとも言えよう。「イスラーム国」の組織の消滅は、「イスラーム国」の理念を撲滅したわけでもなく、さらに、「イスラーム国」が「まだら状」に発生し拡大することを可能にしたグローバル化と情報通信技術の普及を止めたわけでもない。C同様の事象は、条件が変わらなければ、今後常に起こりうる。それは中東やイスラーム世界から起こるとは限らない。グローバルな条件が可能にする、グローバルな危機の震源は、「まだら」な世界地図のひとつひとつの斑点のように、世界各地に、究極的にはわれわれ一人ひとりの内側に、点在している。

注

1 フランシス・フクヤマ……米国の政治学者（一九五二〜）。『歴史の終わり』は、原著一九九二年刊。

2 サミュエル・ハンチントン……米国の政治学者（一九二七〜二〇〇八）。『文明の衝突』は、原著一九九六年刊。

3 「イスラーム国」……二〇一四年に樹立され、かつてはイラクとシリアにまたがる地域を占領したイスラーム過激派組織。

4 ディストピア……反理想郷。暗黒世界。

問一 傍線部A「文明の内なる衝突」の具体例を二五字以内で挙げなさい。

（6点）

問二 傍線部B「『イスラーム国』という現象は、旧来の世界史記述にあるような帝国や国家の盛衰とは、メカニズムを異にする」とあるが、いかなる点において異なるのか。四〇字以内で説明しなさい。

（10点）

問三 傍線部C「同様の事象は、条件が変わらなければ、今後常に起こりうる」とあるが、この「条件」とは何か。四五字以内で述べなさい。

10点

問四　波線部「まだら状の秩序」とはどのようなものか。本文全体を踏まえて八〇字以内で説明しなさい。

14点

40点

［出典：池内恵「すばらしい『まだら状』の新世界」／『アステイオン』（ＣＣＣメディアハウス）92号所収］

4

評論

「ランボーの詩の翻訳について」

湯浅博雄《ゆあさひろお》

東京大学（改）

目標解答時間　50分

本冊（解答・解説）　p.90

次の文章を読んで、後の問いに答えよ。

　詩人―作家が言おうとすること、いやむしろ正確に言えば、その書かれた文学作品が言おう、言い表そうと志向することは、それを告げる言い方、表し方、志向する仕方と切り離してはありえない。人々はよく、ある詩人―作家の作品は「しかじかの主張をしている」、「こういうメッセージを伝えている」、「彼の意見、考え、感情、思想はこうである」、と言うことがある。筆者も、ときに（長くならないよう、短縮し、簡潔に省略するためにせよ）それに近い言い方をしてしまう場合がある。しかし、実のところ、ある詩人―作家の書いた文学作品が告げようとしているなにか、とりあえず内容・概念的なものとみなされるなにか、言いかえると、その思想、考え、意見、感情などと思われているなにかは、それだけで切り離され、独立して自存していることはないのである。〈意味され、志向されている内容〉は、それを〈意味する仕方、志向する仕方〉の側面、表現形態の面、意味するかたちの側面と一体化して作用することによってしか存在しないし、コミュニケートされない。だから〈意味されている内容・概念・イデー〉のみを抜き出して「これこそ詩人―作家の思想であり、告げられたメッセージである」ということはできないのだ。

それゆえまた、詩人―作家のテクストを翻訳する者は、次のような姿勢を避けるべきだろう。つまり翻訳者が、むろん原文テクストの読解のために、いったんそのテクストの語り方の側面、意味するかたちの側面を経由して読み取るのは当然なのであるが、しかしこのフォルム的側面はすぐに読み終えられ、通過されて、もうこの〈意味するかたちの側面〉を気づかうことをやめるという姿勢は取るべきでない。ア もっぱら自分が抜き出し、読み取ったと信じる意味内容・概念の側面に注意を集中してしまうという態度を取ってはならない。そうやって自分が読み取った意味内容、つまり〈私〉へと伝達され、〈私〉によって了解された概念的中身・内容が、それだけで独立して、まさにこのテクストの〈言おう、語ろう〉としていることをなす（このテクストの志向であり、意味である）とみなしてはならないのである。

翻訳者は、このようにして自分が読み取り、了解した概念的中身・内容が、それだけで独立して（もうそのフォルム的側面とは無関係に）、このテクストの告げる意味であり、志向であるとみなしてはならず、また、そういう意味や志向を自分の母語によって読みやすく言い換えればよいと考えてはならないだろう。

自分が抜き出し、読み取った中身・内容を、自らの母語によって適切に言い換えれば a シュビよく翻訳できると考え、そう実践することは、しばしば読みやすく、理解しやすい翻訳作品を生み出すことになるかもしれない。ただし、そこには、大きな危うさも内包されているのだ。原文のテクストがその独特な語り口、言い方、表現の仕方によって、きわめて微妙なやり方で告げようとしているなにかを十分に気づかうことから眼をそらせてしまうおそれがあるだろう。

少し極端に言えば、たとえばある翻訳者が イ「これがランボーの詩の日本語訳である」として読者に提示する詩が、ランボーのテクストの翻訳作品であるというよりも、はるかに翻訳者による日本語作品であるということ

4

もありえるのだ。

それを避けるためには、やはり翻訳者はできる限り原文テクストをbチクゴ的にたどること、〈字句通りに〉翻訳する可能性を追求するべきだろう。原文の〈意味する仕方・様式・かたち〉の側面、表現形態の面、つまり志向する仕方の面に注意を凝らし、それにあたうかぎり忠実であろうとするのである。

その点を踏まえて、もう一度考えてみよう。ランボーが、《Tu voles selon……》（……のままに飛んでいく）と書いたことのうちには、つまりこういう語順、構文、語法として〈意味する作用や働き〉を行おうとし、なにかを言い表そうと志向したこと、それをコミュニケートしようとしたことのうちには、なにかしら特有な、独特なもの、密かなものが含まれている。翻訳者は、この特有な独特さ、なにか密かなものを絶えず気づかうべきであろう。なぜならそこにはランボーという書き手の（というよりも、そうやって書かれた、このテクストの）独特さ、特異な単独性が込められているからだ。すなわち、通常ひとが〈個性〉と呼ぶもの、芸術家や文学者の〈天分〉とみなすものが宿っているからである。

こうして翻訳者は、相容《い》れない、両立不可能な、とも思える、二つの要請に同時に応えなければならないだろう。その一つは、原文が意味しようとするもの、言おうとし、志向し、コミュニケートしようとするものをよく読み取り、それをできるだけこなれた、達意の日本語にするという課題・任務であり、もう一つは、そのためにも、原文の〈かたち〉の面、すなわち言葉づかい（その語法、シンタックス、用語法、比喩法など）をあたう限り尊重するという課題・任務である。そういう課題・任務に応えるために、翻訳者は、見たとおり、原文＝原語と母語との関わり方を徹底的に考えていく。翻訳者は、原文の〈意味する仕方・様式・かたち〉の側面、表現形態の面、つまり志向する仕方の面を注意深く読み解き、それを自国語の文脈のなかに取り込もうとする。しかし、フランス語における志向する仕方は、日本語における志向する仕方と一致することはほとんどなく、むしろしばしば食い違い、齟齬《そご》をきたし、摩擦を起こす。それゆえ翻訳者は諸々の食い違う志向する仕方を必死になって和合させ、調和させようと努めるのだ。あるやり方で自国語（自らの母語）の枠組みや規範を破り、変えるところまで進みながら、ハーモニーを生み出そうとするのである。

こうして翻訳者は、絶えず原語と母語とを対話させることになる。この対話は、おそらく無限に続く対話、終わりなき対話であろう。というのも諸々の食い違う志向の仕方が和合し、調和するということは、来るべきものとして約束されることはあっても、けっして到達されることや実現されることはないからだ。こうした無限の対話のうちに、まさしく翻訳の喜びと苦悩が表裏一体となって存しているだろう。

もしかしたら、ウ翻訳という対話は、ある新しい言葉づかい、新しい文体や書き方へと開かれているかもしれない。だからある意味で原文＝原作に新たな生命を吹き込み、成長をcウナガし、生き延びさせるかもしれない。翻訳という試み、原文と（翻訳者の）母語との果てしのない対話は、ことによると新しい言葉の在りようへとつながっているかもしれない。そう約束されているかもしれない。こういう約束の地平こそ、ベンヤミンが示唆した翻訳者の使命を継承するものであろう。

そしてこのことは、もっと大きなパースペクティブにおいて見ると、諸々の言語の複数性を引き受けるということ、他者（他なる言語・文化、異なる宗教・社会・慣習・習俗など）を受け止め、よく理解し、相互に認め合っていかねばならないということ、そのためには必然的になんらかの「翻訳」の必然性を受け入れ、その可能性を探り、拡《ひろ》げ、掘り下げていくべきであるということに結ばれているだろう。翻訳は諸々の言語・文化・宗教・慣習の複数性、その違いや差異に細心の注意を払いながら、自らの母語（いわゆる自国の文化・慣習）と他なる言語（異邦の文化・慣習）とを関係させること、対話させ、競い合わせることである。そうだとすれば、エ翻訳という営為は、諸々の言語・文化の差異のあいだを媒介し、可能なかぎり横断していく営みであると言えるのではないだろうか。


注 フォルム……forme（フランス語）、form（英語）に同じ。

ランボー……Arthur Rimbaud（一八五四〜一八九一）フランスの詩人。

シンタックス……syntax　構文。

ベンヤミン……Walter Benjamin（一八九二〜一九四〇）ドイツの批評家。

＊㈠〜㈢のような解答欄は1行35字がＭＡＸです。

㈠「もっぱら自分が抜き出し、読み取ったと信じる意味内容・概念の側面に注意を集中してしまうという態度を取ってはならない」（傍線部ア）とあるが、それはなぜか、説明せよ。

6点

㈡「はるかに翻訳者による日本語作品である」（傍線部イ）とはどういうことか、説明せよ。

7点

㈢「翻訳という対話は、ある新しい言葉づかい、新しい文体や書き方へと開かれている」（傍線部ウ）とあるが、なぜそういえるのか、説明せよ。

6点

㈣「翻訳という営為は、諸々の言語・文化の差異のあいだを媒介し、可能なかぎり横断していく営みである」（傍線部エ）とあるが、なぜそういえるのか、本文全体の趣旨を踏まえた上で、一〇〇字以上一二〇字以内で説明せよ。

100

15点

4

㈤　傍線部a、b、cのカタカナに相当する漢字を楷書で書け。

a　シュビ　　b　チクゴ　　c　ウナガ（し）

a
b
c

2点×3

40点

〔出典：湯浅博雄「ランボーの詩の翻訳について」／『文学』（岩波書店）2012年7、8月号所収〕

5

評論

「哲学の基本的課題と現実的課題」

藤澤令夫《ふじさわのりお》

東北大学（改）

目標解答時間　40分

本冊（解答・解説）p.102

本冊p.6の「現代文のお約束」にも書きましたが、問題文の大きなつながりや構造が見抜けるようになること、これが現代文を読む上で大事なポイントです。文構造にはイイカエ・対比・例とまとめなどのほかに因果関係があります。とくに因果関係を含む文章は、筆者の論理展開についていけず、むずかしい場合があります。そして因果関係を含む文章では理由説明問題が設定されることが多いのです。今回の問題は、対比や因果関係を踏まえて解く設問です。きちんと問題文の構造や論理的つながりを見きわめていくことが必要です。では始めましょう。

次の文章を読んで後の問いに答えよ。

人間は環境としての世界のなかに生き、行動している。そして、できるだけよくあるいは有効に生き行動するために、環境としての世界のあり方を知ろうとする。（中略）この原初的な事実のうちにあるゆる学問の――また哲学の――大本の根があることはたしかだが、ただしいま言ったことは、人間だけでなく、すべての動物（生物）に共通する〝本能〟というべきだろう。（中略）

しかし人間と動物とでは、当然のことながら、(ア)この〝本能〟の発現の仕方に歴然とした差異がある。動物の場合、環境世界の認識と行動の有効化の及ぶ範囲は、原則として、それぞれの生物としての個体的また種的な存続のための欲求充足の範囲内に限られているが、人間は同様の制約を受けながらも、しかしその認識と行動を、生物としてのそのような欲求充足の範囲をはるかに超えて追求する能力をもっている。そもそもそれ以前の、環境への適応ということの基本形態がまったく異なっているのである。動物は、与えられた環境の諸条件に自分の身体そのものを順応させるよりほかはないが、人間は自力で環境のほうを改変して、(イ)生存と行動に有利な環境条件を積極的に形成しようとする。こうして人間は、直接の知覚によって構成される自己原点的な狭い世界から脱却して、認識と行動の範囲を驚異的なまでに拡大することができた。他方また、その「知ること」の方向は、求心的に「自己自身」へと向けられ、とくに、みずからが「死すべきもの」であることの自覚をもつことにもなる。

　事実として否定できない人間にのみ特有のこの能力を、言葉・言語の力が大きくそれにあずかっているという意味でも、やはり古来の用語法に従って「ロゴス」（ことわり、ことば）と呼ぶことにしよう。人間が「ロゴスをもつ動物」であるということを、さしあたって右に述べてきた平易な事実より以上でも以下でもない意味に理解しておくことにして、そこにはしかし、すでにかなりの事柄が含意されているといえる。

　まず、環境としての世界を知ろうとする働きは、あらゆる生きとし生けるものにとってそうであるように、「よく、有効に」という欲求によって根源的に動因づけられているという基本的事実がある。すなわち、世界のあり方を正確に知ろうとすることは——どれほどいわゆる知識それ自体のための知識が意図される場合でも——その最基底においてはそのまままとりもなおさず、よく生き有効に行動しようとすることそのことにほかならない。世界をどのように見るかということは、すでにそれ自身のうちに必ず、世界に対する対処・対応のあり方を含意しているのである。

つぎにしかし、まさにそのことを、生物としての個体的・種的な存続のための欲求充足の範囲をはるかに超えて追求することができるということが、人間が「ロゴスをもつ動物」であるということの積極的な意味であった。しかし(ウ)この積極的な意味の内実は、けっして一義的に安定したものではない。動物たちの「よく、有効に」の追求は、生物的生存の本能が指示する範囲を出ることがないから、それだけにまた、原則的に錯誤の可能性はない。人間が「ロゴスをもつ動物」であるということはしかし、人間が同じく生物的生存の本能の指示を受けながらも、その指示範囲内に安んじることを許されず、人間としての「よく、有効に」をみずからの責任において、「考え」て選びとらなければならないことを意味するであろう。その場合、ロゴスの指示するところと直接的な生物的生存の本能の指示するところとは異なっているけれども、しかしまた相互に完全に独立ではありえず、両者は実際には複雑できわどい相克と同時に相互依存の関係にあり、その関係の全体としてのあり方には大きな差異の幅がある。当然それに応じて、人間が思念する世界のあり方と自身の生き方は、真の理《ことわり》に適《かな》うものと適わないものとの間の、同じ大きな幅を揺れ動くことになる。

そしてこの揺れ動きは、先にふれた、みずからが「死すべきもの」であることの自覚の可能性によって、さらに複雑で重い条件を内包している。動物たちには見られないあらゆる悲痛、悲哀、虚無の情動がそこから発生しうるとともに、他方またその自覚は、逆に「不死なるもの」、永遠なるものへの希求の源ともなりうるからである。「不死なるもの」との対比の意識はまた、人間の知のあり方の限界の自覚、すなわち「無知の知」へもつながるであろう。

すべてこのような人間としての条件をはっきりと自覚し見据えたうえで、よく生き、有効に行動しようとすることと一体的に世界のあり方を知ろうとする自然本来の欲求を、できるだけロゴスに適った仕方でどこまでもまっすぐに伸ばそうとする努力――そのような全一的な〈知〉への希求そのもの――が、「哲学《フィロソフィア》」(＝知を愛する)ということの最も基本的な意味である。

問一　傍線の箇所(ア)の「〝本能〟の発現の仕方」の「差異」について、本文の内容に即して九〇字以内で説明せよ。

14点

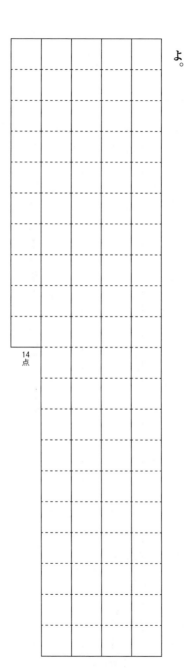

問二　傍線の箇所(イ)は、この場合どのような意味か、三〇字以内で説明せよ。

10点

問三　傍線の箇所(ウ)のように筆者が考える理由を九〇字以内で説明せよ。

16点

〔出典：藤澤令夫「哲学の基本的課題と現実的課題」／『藤澤令夫著作集　第Ⅲ巻』（岩波書店）所収〕

／40点

6

評論

「悲劇の先駆者」

高橋和巳《たかはしかずみ》

九州大学（改）

目標解答時間　35分

本冊（解答・解説）p.114

次の文章を読んで、後の問いに答えよ。

民族の英雄や革命の志士として後世に高く顕称されるまでには到らないまでも、それぞれの時代それぞれの領域に、その生涯の努力を費して一歩あるいは二歩その時代よりも先駆け、先駆けることによって多く悲劇的にその生をとじる先覚者が必ずいる。

一つの時代の価値意識は、その時代の常民の平準的な生活を母体として、生産関係からそれまで積みあげられてきた文化にいたる、可視・不可視の双方の領域を包摂して形成されるが、一たび形成された価値観は容易にはその形相性を変容しようとはしない。蓮《はす》の葉の上にこぼれ落ちた水滴が必ず球型になろうとするような、ある力が文化形相の形成それ自体のうちから働き、文化の諸領域にそれぞれある個別的な価値意識は互いに牽制《けんせい》しあって全体として安定しようとするからである。

芸術の領域でよしとされているもの、生活の次元での一般的な倫理、学問領域での基本的な了承事項、政治や経済の世界での行動様式、そして宗教的な理念など、それぞれが相対的には自立しながらも互いにその価値は重畳しあって時代精神を形造る。A戦争や革命といった、全体的な社会のゆさぶりは、多くの苦痛を伴うけれども、価値意識の一たびの爆破と再生にとってはより幸運な時代であって、その全的な変容の波のうえに、いわば英雄や志士の個性が花咲く。全体が激しく震動することによって、社会を形成する複合的な個別価値相互の牽引力が弱っているから、一つの部分、政治なら政治、宗教なら宗教での突出が、他からの牽制を受けることが少《すくな》い。

乱世にこそ志士があらわれるというのは、言いかえれば、一領域における直情径行が、他領域の干渉をあまり受けずに屹立《きつりつ》しうる時代ということでもある。だが、人間の社会は、極限的な矛盾爆発の繰返《くりかえ》しのみによって形成されるのではなく、相対的に安定しながら、しかもじりじりと動いてゆかねばならぬ。

そうした際には、一つの領域に賭《か》けられた有為な才能の努力は、社会が相対的に安定しているゆえにこそ他の領域からの制御を受けやすい。たとえば一人の人間の頭脳にまず確認された科学的認識が、世情一般の宗教的情操と衝突したり、一人の人間の想像の幕に幻出した美的イメージを開花さすべき条件を、生活次元の価値意識が足をひっぱり、つきくずすということも起《おこ》りうる。

新たなる認識は、秀《すぐ》れた個人のもとにしか発芽しないのだが、それが一般的に認められるためには、その時代全体が形成している文化形相のうちに、はなはだしい違和感なくはめこまれねばならない。これは人間が他者にかかわっては死にえない個々人であると同時に、社会的存在でもあることから抜け出せない存在でもあることの永遠の矛盾でもあるが、多く真摯《しんし》な先駆者が、ほとんど必然的に躓《つまず》いてゆく理由でもある。

先駆者は、みずから生涯を賭《と》して新地平を開拓しようとする専門領域での反動と闘わねばならぬだけではなく、他の領域からの牽制とも闘わねばならない。そして、先駆者が多く躓くのはむしろ後者においてなのである。

ことは、元来生活の法則とは背馳《はいち》するものを内包している芸術の領域で B もっとも顕著にあらわれる。芸術は創造作業である限り、先人や他者の業績と同じことをなぞっていては意味をもたぬ以上、いかなる芸術家も、既成の権威や既成の（注1）フォルムとの角逐を経験するはずだが、中世期における宗教への理念的奉仕や、有閑階級への経済的寄生を脱して自立しようとする芸術における近代の確立期に、他領域の価値との葛藤に躓くことは、むしろ芸術家一般の運命にすらなる。画家（注2）青木繁《しげる》の悲劇、彫刻家（注3）荻原守衛の悲劇などはいわばその一つの象徴にすぎない。

彼らの精神の苦闘と緊張は、むろん芸術上の新しい表現の模索にあり、青木繁の場合は印象主義との出会いによって目醒《めざ》めやがて形成されていったみずからの浪漫的幻想を、伝統的権威の名によって安定する画壇に向けて挑戦的に表出することにその情熱は費されるが、彼が押しつぶされたのは、画壇の俗物性や無理解によってだけではない。父の死によって突然におそいかかって来た、母と兄弟を養わねばならぬ生活上の重荷によってである。青年期に（注4）ハルトマンの「物の社会は物これを造れり、唯《ただ》仮象の社会のみ人これを創作し、人類のみこれを楽しむ」という言葉に触れて感銘し、仮象の世界の旗手たらんとしながらも、父が死んでは、負債を負い窮乏に埋もれねばならぬ五人の遺家族を彼は見棄《みす》てることができなかった。

青木の一生は「非実際な芸術の空気をもって実際と戦った悪戦史だ」と友人の一人は語ったというが、それは単に芸術と生活の格闘であっただけではなく、青木繁の内面に共存していた、二つの価値意識の葛藤であったともいえる。幼少期に、父から伝えられた漢学の素養と、骨肉の愛を一切の価値の源泉とみなす現実的な倫理が、彼がみずからの周辺にローマン主義的な青年たちを集め、代表的な作品をも次々と描いて画家として一家を成そうとしていた矢先、父の死を契機として、彼の C 解放されたものであったはずの美意識の前にたちはだかったのである。青木繁の価値意識が、どちらかを軸にした単一のものであれば、現実の苦労は必ずしも、その画業への内的規制とはならなかっただろう。あるいはまた、倫理感と美意識の、どちらかを棄てることもできた。だが過渡期の先駆者、つまりは、否定さるべき古い価値を攻撃の対象として外に持っているのではなく、矛盾体として内に秘めていた彼には、二者の単純な選択や、しょせんは異次元のものとして二者を分離する無責任はありえなかった。家族を見棄てるのではなく、家族の窮乏とともに窮乏し、みずからの芸術の泉を涸《か》らされながら、やがて世俗的努力の一切に失敗して、むしろ家族からも見棄てられて流浪するのである。自由な流浪ではなく、たえず自責の念に苦しめられ、その自責の念を酒色でまぎらわせて、やがて肉体をおかされて、流浪する。明治の末、当時においてほとんど不治の病であった結核が荒廃した彼の肉体に巣喰《すく》う。その憔悴《しょうすい》しきった病床より姉妹に宛てて出した遺言に近い手紙は、内部に角逐する二つの価値をもちつづけた彼の D極限的な矛盾表出として、その絵画にもおとらず、感動的である。

「小生は死に逝《ゆ》く身《み》故後の事は知らず候故よろしく頼み上げ候。火葬料位《くらい》は必ず枕の下に入れて置《おき》候に付《つき》、夫《そ》れにて当地にて焼き残りたる骨灰は序《ついで》の節(注5)高良山《こうらさん》の奥のケシケシ山の松樹の根に埋めて被下度《くだされたく》、小生は彼《か》の山のさみしき頂《いただき》より思出《おもいで》多き(注6)筑紫《つくし》平野を眺めて、此世《このよ》の怨恨《えんこん》と憤懣《ふんまん》と呪詛《じゅそ》とを捨てて静かに永遠の平安なる眠りに就く可《べ》く候。是《これ》のみは因縁あるそなた達《たち》の不遇とあきらめ此《この》不遇なりし繁《しげる》が一生に対する同情として、是非是非取計《とりはからい》候様幾重にも御願申上《おねがいもうしあげ》候」

此の世の怨恨と憤懣と呪詛、その具体的内容の一々はあげつらえない。しかし、彼の胸をおかした病菌とともに、彼の芸術の敵は、彼の内部にあり、それゆえに怨恨も呪詛も結局はみずからに向《むか》わざるをえなかったに違いない。

注

1　フォルム……形式、形態。
2　青木繁……洋画家（一八八二―一九一一）。
3　荻原守衛……彫刻家（一八七九―一九一〇）。
4　ハルトマン……ドイツの哲学者（一八四二―一九〇六）。
5　高良山・ケシケシ山……青木繁の故郷である福岡県久留米市の山。
6　筑紫平野……福岡県南西部から佐賀県東部にかけての平野。

問1　傍線部A「戦争や革命といった、全体的な社会のゆさぶりは、多くの苦痛を伴うけれども、価値意識の一たびの爆破と再生にとってはより幸運な時代」とあるが、「戦争や革命」を「幸運な時代」と呼ぶのはなぜか。その理由を九〇字以内で説明せよ。

10点

問2　傍線部B「もっとも顕著にあらわれる」とあるが、何が「顕著にあらわれる」のか。三〇字以内で答えよ。

6点

問3　傍線部C「解放されたものであったはずの美意識」とあるが、それはどのような「美意識」か。「解放されたものであったはず」と表現する理由も分かるようなかたちで答えよ。

10点

問４　傍線部Ｄ「極限的な矛盾表出」とあるが、引用された手紙のどのような点に「極限的な矛盾表出」が認められるのか。本文にいうところの「青木繁の悲劇」を踏まえて具体的に説明せよ。

14点

40点

［出典：高橋和巳「悲劇の先駆者」／『高橋和巳全集　第十三巻』（河出書房新社）所収］

7

随筆

「風聞の身体」

今福龍太《いまふくりゅうた》

名古屋大学（改）

目標解答時間　**45分**

本冊（解答・解説）p.125

次の文章を読んで後の問いに答えよ。

石狩アイヌの豊川重雄エカシ（長老）の自宅脇にある素朴な作業小屋のなかは、燃える薪《まき》のなつかしい匂いがした。あたりには、エカシが彫ったばかりの儀礼具の見事なマキリ（小刀）の柄やイナウ（御幣《ごへい》）が無造作に置かれ、それらに使われたクルミやヤナギ材の香りが淡く漂っている。

立派な顎髭《あごひげ》のエカシは火のそばに座り、鋭い眼光に裏打ちされた人懐っこい微笑をうかべながら、おもむろに、壮年のころの熊狩りの話をはじめていた。アイヌの聖獣である熊とのあいだに猟師が打ち立てる、繊細な意識と肉体の消息をめぐる豊かな関係性の物語である。エカシにとっての熊は、幼少の頃から、コタン（聚落《しゅうらく》）の外部にひろがる「山」という異世界をつかさどる神＝異人として、人間が人間を超えるものとのあいだに創りあげる物質的・精神的交渉、すなわち「普遍経済」と呼ぶべき統合的なコミュニケーションの世界を、凝縮して示す存在だった。その驚くべき話のなかでも私がとりわけ興味を惹《ひ》かれたのは、エカシが「無鉄砲」という日本語をたびたび援用しながら語る、丸腰での熊狩りの冒険譚《たん》だった。

古くは弓矢、近代になれば鉄砲を武器として山に入り、アイヌはヒグマを狩った。いうまでもなく、アイヌ

（人間）とカムイ（熊）との関係は捕食者と獲物という一方的な搾取関係ではなく、互酬性の観念にもとづく純粋に贈与経済的な民俗信仰のなかにあった。そこでは熊の肉体とは神の地上での化身であり、毛皮や肉を人間へと贈り届けるために神はヒグマの姿をとって人間の前に姿をあらわすのだった。熊狩りによって人間はその贈与をありがたく戴き、感謝と返礼の儀礼として熊神に歌や踊りを捧げることで、熊の魂を天上界へとふたたび送りかえすことができると考えられていた。そして熊をめぐるこうした信仰と丁重な儀礼の継続こそが、熊の人間界への継続的な来訪を保証するための、アイヌの日常生活の基盤でもあった。

豊川エカシもまた、こうしたアイヌの熊狩りの伝統に深く連なり、また自ら石狩アイヌの長老として、すなわちもっとも徳ある狩人の一人として、神の化身たる熊と山のなかで対峙《たいじ》してきた。炉端の話のなかで、アイヌの熊獲りたちの潜在的な意識のどこかに、武器無しで熊と闘い、これを仕留めるという深い欲望が隠されていたことをエカシは私に示唆した。現にエカシ自身が、意図的に鉄砲を持たずに山へ入ることがままあったというのである。その場合でも、熊との遭遇をことさら避けたわけではない。むしろどこかに、遭遇への強い期待があった。鉄砲を持つことで自らの生身の身体を人工的に武装し、そのことによって狩るものと狩られるもの、すなわち猟師と獲物という一方的な関係に組み込まれることを潔しとしない、すなわち搾取的関係から離脱して、熊にたいして①自律的な対称性と相互浸透の間柄に立とうとする無意識の衝動を、私はエカシの口ぶりから感じとって、ひどく興味をそそられた。

そのとき、エカシはさかんに「無鉄砲」ということばを使うのだった。あの日、山に入ったときは「無鉄砲」だったから、いつもより心のなかが騒いでいた……。「無鉄砲」のときだから、とりわけ丹念に熊の足跡を探り、土や草についた獣の匂いをかぎ分け、不意に熊のテリトリーに踏み込まないよう注意した……。「無鉄砲」

の熊狩りが報われて、熊と諸手で格闘して仕留めたこともある……。山を「無鉄砲」に歩くことほど、深く豊かな体験はない……。

こうした奔放な語り口に惹き込まれつつ、私のなかに奇妙な違和感が湧いてくる。丸腰で熊の棲《す》む山に入ることはきわめて危険なことであり、すなわち「無鉄砲」であることは、まさに字義通り、後先を考えない「向こう見ず」で「強引」な行為であるはずだった。ところがエカシの使う「無鉄砲」ということばを、そうした「無謀」さという意味論のなかで理解しようとしても、不思議な齟齬《そご》感が残るのだった。いやむしろ、エカシは「無鉄砲」なる語彙を、「きわめて慎重」で「繊細な感覚」という正反対の意味で使用しているのだ、とわかったとき、私の理解のなかにあらたな光が射し込んできた。「無鉄砲」という和人の言葉をあえて借用しながら、熊と人間のあいだに横たわる「鉄砲」という武器の決定的な異物性を、②エカシはパロディックに示唆していた。しかも、鉄砲を放棄することで、アイヌの猟師がいかに繊細な身体感覚を通じて熊の野生のリアリティにより深く近づいてゆくかを、エカシの物語は繰り返し語ろうとしていた。「無鉄砲」であることは、必然的に、人間の意識と身体を、裸のまま圧倒的な野生のなかにひとおもいに解放し、異種間に成立しうる前言語的・直覚的な関係性に自らを開いてゆくための、いわば究極の儀式であった。無鉄砲とはすなわち、人間が野生にたいして持ちうる、もっとも繊細で純粋な感情と思惟の統合状態を意味していたのである。

「無鉄砲」という日本語表現は、それじたいは「無点法」ないし「無手法」（方法無しに、手法を持たずに）という用語の音変化とされる一種の当て字である。だがこの用語は、近代日本文学の聖典ともいうべき夏目漱石の『坊ちゃん』冒頭のあまりにも良く知られた「親譲りの無鉄砲で小供の時から損ばかりして居る」という一節によって、その意味論を封鎖されてきた。豊川エカシは、近代文学の正統によるこの語彙の意味論の固定化の歴史など素知らぬふりをしながら、見事に、「無鉄砲」なる語彙にかかわる私の言語的先入観を粉砕した。そのうえで、武器を持たない熊狩りの繊細な昂揚感《こうようかん》を、エカシは転意された「無鉄砲」という言葉の濫用によって私に刺激的に示したのである。個人の意思や行動の持つ強引さ、無謀さの印象はたちまち消え、北海道の山野のなかに身体ごと浸透してゆく集団としての人間たちの慎重で謙虚で強靭《きょうじん》な意識の風景が、私の脳裡《のうり》に立ち現れてきた。鉄砲を持とうが持つまいが、アイヌたちが熊と対峙するときつねに参入しているにちがいない、③象徴的な交感と互酬的な関係性の地平が、奥山にかかる靄《もや》の彼方から少しずつ近づいてくるようだった。

エカシの話を聞くうちに、私の五感は遥かメキシコ北西部のシエラ・マドレの荒れ果てた山中へと不意に飛《ひ》翔《しょう》していた。棘《とげ》ある灌木《かんぼく》とサボテンの疎林に中型のトカゲやリクガメが這《は》い回るこの半砂漠の山岳地帯で初めて、野生獣との共感覚の世界を知ったという記憶が私にはあるからだ。めったに人前に姿をあらわさないジャガーや狼、鹿やコヨーテなどの大型の獣に対峙して、この一帯に棲息している唯一の人間集団はコーラ族のインディオだった。一九八〇年代の初め、私はあるきっかけから、深い峡谷の底にあるコーラ族の村へスス・マリーアで毎年聖週間の時季におこなわれる部族の成人儀礼「ラ・フデア」に、二年つづけて加わるチャンスを得た。十数人の少年が、他の数十人の成人たちとともに裸になり、体に獣の彩色を施し、獣の仮面をつけて三日三晩、村の周囲を走り回り、いくつもの儀礼をおこない、夜通しで踊り、さまざまな作業をすませ、すべてが終わった朝、村の泥造りの教会の鐘を合図に清冽《せいれつ》な川にとびこんで、すべての化粧と汗とを洗い流す、荒々しく鮮烈な通過儀礼の祭りである。

人類学は、すでにさまざまなかたちで、このコーラ族の祭りのダイナミックな宇宙論について実証的な研究を蓄積していた。けれども私は、そうした客観的・中立的な調査研究の道筋からはじめから外れたところで、コーラ族の青年たちとともに裸で走り、この祭りを通じてインディオが参入しようとする一種の「野生」の領域の感触を身体ごと知ることになった。それはまさに、獣という異種の生命体の身体と意識の領域へ人間が接近してゆく、秘儀的なセレモニーでもあった。（中略）

そのときの私たち参加者が、儀礼的な動物的身体への転生を通じて、インディオの狩人の身体意識へと浸透しようとしていたことを、のちに私は理解した。成人儀礼としてのこの祭の一つの目的は、部族の狩猟民としての世界観のなかに蓄積されてきた秘密結社的な知恵を、若者たちに分け与えるためにあった。人間の生きる外界に、人間の意思や配慮とは独立して厳然と存在するリアルな「野生」というものの感触は、過酷な身体儀礼を通じて、数年かけて学びとるべき対象だった。そのとき、獣の身体との相互浸透の儀礼が生まれたのだ。ジャガーの、狼の、亀の、野生のテリトリーへと自ら赴くことで、それらを狩猟するための秘儀的な身体があらたに創成された。この野生とのチューニング、獣の身体にむけての人間の身体の「調律」の運動こそが、あのとき私の意識を支配していた呪術的にも見えるリアリティの内実だった。アイヌのエカシとおなじように、裸の私もまた、「無鉄砲」の状態で自らの身体を野生に差しだした。その無鉄砲さが求める純粋で統合的な繊細さと配慮とによって、わたしにも狼の声がことばとして聴こえてきた。ペヨーテの頭頂に開く淡い薄紅色の花が神の歌をうたいかけた。チューニング（調律）とはチューンtune（調子・主題）を合わせる、という意味だが、“tune”とはおそらく“tone”（音）という語彙の不意の変形によって生まれた語彙で、“tone”とはギリシャ語の“tonos《トーン》”、すなわち“teinein《テイネイン》”（伸ばす・張る）に由来することばと考えられている。そしてこの「テイネイン」の原義とは、人や動植物がその身体・手足・枝などをいっぱいに伸ばすことであるとされている。調律とは、だからかならずしも音の世界においてのみ生じる出来事ではない。人と動植物とが、無鉄砲の状態において繋《つな》がる野生のなかで、ひとおもいに手足を伸ばすときの不意の身体的同調。それもまた、調律によって支えられた私たちの薄墨色の文法が迸《ほとばし》り、人間と野生が相互浸透のなかで智慧《ちえ》と感情を交わしあう、④真にリアルな意識の界面なのである。

注

共感覚……音に色を感じるなど、通常の感覚に別の感覚が加わること。ここでは人間としての感覚が野生の感覚に覆われたことを指していると考えられる。

ペヨーテ……サボテンの一種。

薄墨色の文法……民衆の日常の生活作法、即興的な閃《ひらめ》きのような知恵。

問一　傍線部①のような関係は、アイヌと熊とのあいだにおいて具体的にはどのような形で存在しているか、一〇〇字程度（句読点・かっこ類も字数に含める）でまとめよ。

12点

100

問二　傍線部②にある「パロディックに」とは、ここでは〈既存の表現をふまえそれをもじって用いて〉の意である。なぜそれが「パロディック」だといえるのか、六〇字程度（句読点・かっこ類も字数に含める）で説明せよ。

10点

問三　傍線部③の「象徴的な交感」の状態において人間のあり方はどのような様であると著者は考えているか。文中の言葉を用いて七〇字程度（句読点・かっこ類も字数に含める）で説明せよ。

10点

問四　傍線部④の「意識の界面」について、何が何と接する「界面」だと考えられるか、そのそれぞれのあり方を明らかにしながら六〇字程度（句読点・かっこ類も字数に含める）で説明せよ。

8点

(60)

40点

［出典：今福龍太「風聞の身体」『薄墨色の文法 —— 物質言語の修辞学』（岩波書店）所収］

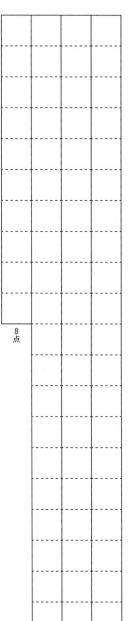

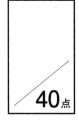

8

随筆

「恋愛至上かも知れない」

佐藤春夫《さとうはるお》

京都大学（改）

目標解答時間　45分

本冊（解答・解説）p.136

次の文章を読んで、後の問いに答えよ。

智恵《ちえ》と友情と恋と
この三つのものを
世間じゃ宝だと言いふらす
僕もせいぜい捜しては見たさ
とうとうお目にはかからない。

と、まあ、大《だい》たいこんな意味の詩が、ハイネにあるそうだ。(イ)人生に対しては相済まぬ言い草になるかも知れないが、此の詩はひょっとすると本当かも知れない。全くそうかも知れない。惟《おも》うに、恋愛などというものは先《ま》ず幽霊の一種見たようなもので、せいぜい捜すとあるのか無いのかわからないので、それを本当に見たようなことを言うのはつまりせいぜい見究めがなかったという証拠になるだけかも知れない。ただちょっとした指示の上へ何か自分で築き上げるのだ。夢だ。夢に浮かされるのだ。或《ある》いはうなされるのだ。いずれは正気の沙汰ではないのだ。その正気の沙汰でないところが謂《い》わば*身上であろう。そうしてありもしない幽霊が出るほどそこの枯野原が気味の悪いところであったように、正体の疑わしい「恋愛」などというもの乃至《ないし》言葉が何かしら慰めとして存在しているほど、それほど、われわれの人生というものが慰めを要するものがある事、この事だけは実に確かだ。(ロ)問題の眼目は寧《むし》ろここにあるのではないだろうか。

要するにまことの恋愛などというものは人類の大きな伝説の一つだと、僕は思う。そうして、今ひょっくり、ありふれた一つの*寓話《ぐうわ》を思い出した。その寓話というのは古い小学校の読本にあるので、おやじが死に際に息子たちに言い置きをするのだ――この地所には黄金の壺《つぼ》を私が埋めて置いた。それ故に、努力をしてさがす者はその在りかをつきとめて巨万の富を得るであろう、と。そこで息子たちは精一ぱい捜す。或《あ》る者はあきらめて捜すことをやめる。最後まで何度でも何度でも捜したものは、その土地には一向、黄金の壺がなかったことを知ると同時に、その原野がいつしか立派な開墾地になっていることに気がつく。――僕は思う。実際、(ハ)「至上なる恋愛」の伝説はこの黄金の壺をうめた土地の話にそっくりである。

成るほど黄金の壺はない。けれどもどうしてもそれがないというところまで突きとめた時には、彼の胸は開墾された土地になっているであろう。そうして巨万の富は自《おの》ずから別に得られる。

世人の言いふらす人生の宝のような恋愛は無いのかも知れぬ――いや、無いのである。が、その無いところがやがて*至上な所以《ゆえん》かも知れない。というと逆説的に聞こえるかも知れないが、僕にはそんなつもりは少しもない。疑わしきものを絶対に信ずる事、無きものに対する無限の憧憬、これらのローマン的精神。そうしてその疑わしいものを無条件に信じて無限に追求することたる恋愛にかけては、この客観的には最もばかげ切った事のためにたといどんな人間でもその人間なりには精一ぱいの努力をするところ――つまりそれぞれの人間が*るつぼのなかへ投げ込まれるのだ。この意味で恋愛至上などという説も成り立つであろう。ともかくも恋愛という心理作用は人生（人間本性の活動）の重大なまた象徴的な事件ではある。

ここで注目すべき事には、たとい恋愛の不可思議なるつぼでも鉄や鉛を金にしはしないことだ。寧ろ、鉛は恋愛的活動で大いにその鉛たるところを発揮してくる。真剣になればなるほど地金が出て来る。或る人の説に依《よ》ると一種の人間は恋愛によって征服慾《よく》に燃え切るし、又、別種の人間は恋愛によって一から十まで相手の人間に自分の持っているすべてを捧げつくす気持ちになる。恋愛の二大タイプだ。*ハインリツヒ・フオン・クライストの描いている恋愛は前者の適例だし、*ダンテのビアトリスに対する心持ちは後者の典型だという。なるほどこの二つのタイプのあることは十分疑いない。が、僕が思うに、たといどの人間に於《お》いても各この二つのタイプが先ず兼備されていて互いに内面に於いて相剋《そうこく》した末に、それが熟し切った上ではその何《いず》れかに突き抜けて来ることを見落としてはなるまい。自我拡大と自我拋棄《ほうき》と（いずれもつき抜けると自ずから天空があり、一歩踏みそこねれば何れにも深淵がある）この内的葛藤。(二)これが恋愛の人格的るつぼである所以である。

注

身上……とりえ。
寓話……教訓などをほのめかす話。
至上……この上ないこと。
るつぼ……金属を高温で溶かすための容器。種々のものが混じり合っている状態。
ハインリッヒ・フォン・クライスト……ドイツの劇作家（一七七七～一八一一）。
ダンテ……イタリアの詩人（一二六五～一三二一）。

問一　傍線部(イ)はどういうことを言おうとしているのか、説明せよ。

7点

問二　傍線部(ロ)はどういうことを言おうとしているのか、「ここ」が何を指しているのかを明らかにしつつ説明せよ。

7点

問三　傍線部(ハ)について、黄金の壺をうめた土地の話と「至上なる恋愛」の伝説とは、何がどうそっくりなのか、説明せよ。

9点

問四　傍線部(ニ)について、恋愛がなぜ「人格的るつぼ」となるのか、説明せよ。

7点

問五　筆者は「恋愛」についてどのように考えているのか、文全体の趣旨を踏まえて説明せよ。

10点

40点

［出典：佐藤春夫「恋愛至上かも知れない」／『佐藤春夫全集　第十一巻』（講談社）所収］

9

小説

「明るい雨空」

鷺沢萠《さぎさわめぐむ》

広島大学（改）

目標解答時間　35分

本冊（解答・解説）p.149

小説には基本的に、事実（できごと）→心理（気持ち）→言動（仕草、表情、発言、行動）という三つの要素があります。そしてこの三つの要素が因果関係によって結びついていると考えられるところに設問は設定されます。たとえば〈誰かが死んだ＝事実〉→（だから）→〈悲しい＝心理〉→（だから）〈泣いた＝言動〉、という〈因果関係〉が成立するところです。たとえば〈悲しい〉という心理に傍線を引き、その心理が生じた理由である事実や心理分析を求めます。また〈泣いた〉という言動に傍線を引いて、その言動に至る心理や事実を問うたりします。こうした因果関係を読み解くことと、風景描写・象徴（登場人物の心情を反映した具体物）などを解釈すること、つまり明示されていない心理を読み取ること、ができるようになればたいていの問題はクリアできます。

そして小説では問題文の表現をそのまま用いて解答が書ける度合いがグッと低くなるので、類義語の知識やイイカエられる力が求められます。

次の文章を読んで、後の問いに答えよ。

営団地下鉄の赤坂《あかさか》見附《みつけ》駅は永田町駅と通路で接続されていることもあって、朝夕は非常に混雑する。人の波は申し合わせたように同じテンポで動き、自分と同じ方向に向かう波に混ざるとあとは足を前後に動かすだけで入口の階段に運ばれるように進む。地面にあいた穴ぐらのような地下階段を昇ると、地下の蛍光灯に馴《な》れた目に太陽の光が眩《まぶ》しい。殊に春は、交差点の交番の傍《かたわら》に植えられた樹々の葉のあいだから洩《も》れる白い光が目を射る。

哲雄《のりお》は階段のいちばん上まで来てから立ち止まった。高速道路のむこう側にそびえ立つ、ホテルの巨大な建物に目を向ける。なんということもなしに溜息《ためいき》をついてみた。最近、身体《からだ》の調子が悪いように思えるのは気のせいだろうか。

一流商事会社の海外渉外課勤務といえば聞こえはいいが、①近ごろの哲雄は身体も神経もすり削られているような思いがする。削り取られていった分の中に、かつての自分の大切なものがあったような気がして、それを思うともっと重い気持ちになる。

ブリーフケースと一緒に小脇にはさんでいた折りたたみ式の青い傘が、音を立てて落ちた。たたまれたままの傘はコンクリートの階段を二、三段転げていった。今朝のニュースが、今日の午後からの降水確率を七十パーセントと告げていた。出がけにニュースを小耳にはさんだ哲雄があわてて持って来たその青い傘は、朝の地下鉄銀座線の中で、電車の振動に合わせてブリーフケースと一緒に網棚の上で揺れていた。

網棚の上で揺れる傘は、哲雄にあることを思い出させた。今朝の哲雄がいつもにも増して疲れた気分でいるのは、もしかしたらそのせいかも知れない。

まだ高校生だったころの話だから、もう六、七年は前のことになる。都心にある私立高校の生徒だった哲雄は、やはり地下鉄を使って学校に通っていた。

その日も昼間から雨が降り、哲雄は数人の友人たちと一緒に、学校から駅までを走った。誰も傘を持ってきていなかった。学校の昇降口の傘立てにいつも何本かささっている忘れられた傘にも、その日は誰もありつけなかった。

地下鉄に乗って何駅かを過ごすうち、途中から乗って来る人の濡《ぬ》れ具合で雨が激しくなってきているのが判《わか》った。

哲雄は四時に女の子と約束していた。約束の場所である喫茶店は、駅からかなり歩くところにあった。ずぶ濡れで行きたくはないと思った。

「あー、やべえなあ」

哲雄は舌打ちして友人たちに言った。

「どうしたの」

「俺、これから女のコに会いに行くのに——」

「だから何なンだよ」

「——傘がない」

「いいじゃん、別に」

「ヤだよオ、濡れちゃうじゃん」

友人たちはへらへらと笑い、ざまあみろ、とか何とか言った。雨雨降れ降れ、もっと降れエと、友人のひとりがふりを付けて歌った。当時ヒットしていたその歌を、ふざけてふり付きで歌うのが哲雄たちの間では流行《はや》っていた。

「クソやべえよ、どうしよっかな」

呟《つぶや》いて正面を向いた哲雄の目に、向かい側に坐《すわ》って文庫本を読んでいる年とった男の姿が映った。深緑とも黒ともつかぬような色のレインコートを着たその老人は、熱心に本を読んでいる。老人の真上の網棚の上には濡れた傘がたたまれて置いてあり、時おり本の上にポトリと水滴を落としていた。濡れた傘を気にしているふうにときどき上を向き、またすぐに本に目を戻す。老人はさっきからそんな動作を繰り返していた。

老人の様子をしばらく眺めているうちに、哲雄はあることを思いついた。気が咎《とが》めないこともなかったが、びしょ濡れの姿で女の子と会うよりはいいと思った。雨に濡れた制服はひどく嫌な匂いがするのだ。

哲雄の降りるひとつ手前の駅に着いた。電車が再び動き出したとき、哲雄は隣りに坐っていた友人の耳もとで、囁《ささや》くように言った。

「あの傘、ギっていい?」

友人ははじめ少し驚いた顔で哲雄を見たが、やがてにやりと笑って答えた。

「いいけどさ、別に……。そしたら俺たち、むこうの車両に移るからな」

友人たちがひとつ隣りの車両に移り、残された哲雄も立ちあがってカバンを抱えたとき、電車が減速して車体が前のめりに傾《かし》いだ。次の駅にさしかかって車窓が明るくなった。

哲雄は扉に身体を貼《は》りつけるようにして立った。すぐ横に本を読む老人がいた。

扉が閉まる寸前、哲雄は網棚の上にある老人の傘をわし摑《づか》みにし、素早くホームに降り立った。降りた哲雄のすぐ後ろで、シューと音がして扉が閉まった。隣りの車両の窓から身を乗り出してその様子を見守っていた友人たちが、大声で哲雄をはやし立てた。哲雄は笑いながら友人たちに手を振り、おそるおそる自分の後方を見やった。

哲雄は老人が怒っていると思った。怒って哲雄を指さしているはずだった。あるいは、悔しがって地団駄を踏んでいてくれても良かった。あのときいっそ、あの老人が窓を開けて、返せとか何とか叫んでくれれば良かったとすら哲雄は思う。それならば哲雄も、ちらっと舌を出して傘を片手に改札口の階段を勢いよく駆け昇れただろうと思う。

けれどその老人は怒っても悔しがってもいなかった。驚いて振り向きはしたが、彼はその姿勢のまま、窓のむこうから哲雄をじっと見ていた。見つめていたと言った方がいいかも知れない。ことばでは言いあらわせないほどひどく悲しそうな目で――。

②哲雄は今でも、あのときの老人の目を忘れることができないでいる。

気象庁の予想があたって、三時ごろから雨が降り出した。窓ガラスにあたっては流れ落ちる雨の滴の行方を目で追いながら、哲雄はまだ老人の傘のことを考えていた。

退社時刻を過ぎて外に出ると、雨は小降りになっていた。折りたたみの青い傘を開き、哲雄は駅に向かって歩き出した。小刻みなポツポツという音が、頭の上に響いている。

一ツ木通りを裏から抜けて、白い駅ビルの姿が見えてきたとき、ふとこのまま帰りたくないような気がした。大学を卒業してから親元を離れてはいるが、ワンルームの賃貸マンションに誰かが待っているわけではない。哲雄はそのまま廻《まわ》れ右をして、たまに同僚たちと会社帰りに寄る小さな店に向かった。

歩き続ける哲雄の頭の中に、削り取られた自分の身体と心のことがあった。生きていく上でというよりはむしろ、生活をする上で、自分のある部分を削り取っていくことは必要なのかも知れない。――ぼんやりとそんなことを考えていた。けれど何か——どんな「何か」なのかは判らないけれど——削り取れないものもあるような気がした。

「あの……」

声をかけられてふと我に返った。目の前に、背の低い痩せた男が立っていた。男は腕で雨をよけるような格好をして、長身の哲雄を見あげた。十八、九に見えた。

「ニューオータニって、どういうふうに行くンですか」

およそ人にものを訊《たず》ねているとは思えないぶっきらぼうな調子で、彼は言った。

「ニューオータニ？——えっと、まずここをまっすぐ行って、でかい道に出たら左に曲がって……」

哲雄の答えに頷《うなず》きながら、男はいちいちそれを口の中で反復した。全部聞き終えると、男はぺこりと頭を下げた。

「どうも」

「傘ないの？　歩くとかなりあるぜ」

「はあ……」

「貸してやろうか」

哲雄は自分の傘を少し持ちあげるようにして言った。男は驚いて答えた。

「いや、いいっすよ」

「いいよ、持ってけよ。バイトの面接かなんかだろ、濡れてったら印象悪いぞ」

哲雄のことばに男は一瞬、真面目《まじめ》に考えこみ、そうしてからさっきのようにぺこりと頭を下げた。

「すいません、じゃあ借りていきます」

「③返さなくていいからな」

男はもういちど頭を下げると、傘を受け取って小走りに去って行った。

哲雄は再び、今度は小雨に濡れながら歩きはじめた。身体も心も、年齢《とし》を重ねていくにつれてどんどん削られていくのだろうが、あの雨の日の老人の目だけは、削ることはできないと思った。

――雨があがるまで飲んでるかな……。

小さく呟くと、雨雲に埋められた空が心なしか明るくなった。

注 「ギっていい?」……「盗んでいい?」という意味。

問一 傍線部①に「近ごろの哲雄は身体も神経もすり削られているような思いがする」とある。それはなぜか。簡潔に答えよ。（編集部注：実際の解答欄は縦19cm・横1cm）

10点

問二 傍線部②に「哲雄は今でも、あのときの老人の目を忘れることができないでいる」とある。それはなぜか。具体的に説明せよ。（編集部注：実際の解答欄は縦19cm・横1.4cm）

問三　傍線部③に「返さなくていいからな」とある。男に傘を「返さなくていいからな」と言った哲雄の心情を、老人と傘とをめぐる哲雄の記憶と関係づけて説明せよ。（編集部注：実際の解答欄は縦19cm・横1.4cm）

15点

15点

［出典：鷺沢萠「明るい雨空」／『海の鳥・空の魚』（角川書店）所収］

／40点

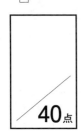

10

小説

「舞踏会」 芥川龍之介《あくたがわりゅうのすけ》

宮崎大学（改）

目標解答時間　25分

本冊（解答・解説）p.156

次の文章を読んで、後の問いに答えよ。

明治十九年十一月三日の夜であった。当時十七歳だった――家《け》の令嬢明子《あきこ》は、頭の禿《は》げた父親と一しょに、今夜の舞踏会が催さるべき鹿鳴館《ろくめいかん》の階段を上《のぼ》って行った。明《あかる》い瓦斯《ガス》の光に照らされた、幅の広い階段の両側には、殆《ほとんど》人工に近い大輪の菊の花が、三重の（注1）籬《まがき》を造っていた。菊は一番奥のがうす紅《べに》、中程のが濃い黄色、一番前のがまっ白な花びらを（注2）流蘇《ふさ》の如《ごと》く乱しているのであった。そうしてその菊の籬の尽きるあたり、階段の上の舞踏室からは、もう陽気な管絃楽《かんげんがく》の音《ね》が、抑え難《がた》い幸福の吐息のように、休みなく溢《あふ》れて来るのであった。

明子は（注3）夙《つと》に仏蘭西《フランス》語と舞踏との教育を受けていた。が、正式の舞踏会に臨むのは、今夜がまだ生まれて始めてであった。だから彼女は馬車の中でも、折々話しかける父親に、上《うわ》の空《そら》の返事ばかり与えていた。それ程彼女の胸の中には、(1)愉快なる不安とでも形容すべき、一種の落着かない心もちが根を張っていたのであった。彼女は馬車が鹿鳴館の前に止《とま》るまで、何度いら立たしい眼を挙げて、窓の外に流れて行く東京の町の乏しい燈火《ともしび》を、見つめた事だか知れなかった。

が、鹿鳴館の中へはいると、間もなく彼女はその不安を忘れるような事件に遭遇した。と云うは階段の丁度中程まで来かかった時、二人は一足《ひとあし》先に上って行く(注4)支那《しな》の大官に追いついた。すると大官は肥満した体を開いて、二人を先へ通らせながら、呆《あき》れたような視線を明子へ投げた。初々《ういうい》しい薔薇《ばら》色の舞踏服、品好《ひんよ》く頸《くび》へかけた水色のリボン、それから濃い髪に匂《にお》っているたった一輪の薔薇の花――実際その夜の明子の姿は、この長い(注5)辮髪《べんぱつ》を垂れた支那の大官の眼を驚かすべく、(2)開化の日本の少女の美を遺憾なく具《そな》えていたのであった。

と思うと又階段を急ぎ足に下りて来た、若い燕尾服《えんびふく》の日本人も、途中で二人にすれ違いながら、反射的にちょいと振り返って、やはり呆れたような一瞥《いちべつ》を明子の後姿に浴せかけた。それから何故か思いついたように、白い襟飾《ネクタイ》へ手をやって見て、又菊の中を忙《いそがわ》しく玄関の方へ下りて行った。

(中略)

舞踏室の中にも至る所に、菊の花が美しく咲き乱れていた。そうして又至る所に、相手を待っている婦人たちのレエスや花や象牙《ぞうげ》の扇が、爽《さわや》かな香水の匂の中に、音のない波の如く動いていた。明子はすぐに父親と分れて、その綺羅《きら》びやかな婦人たちの或《ある》一団と一しょになった。それは皆同じような水色や薔薇色の舞踏服を着た、同年輩らしい少女であった。彼等は彼女を迎えると、小鳥のようにさざめき立って、口々に今夜の彼女の姿が美しい事を褒《ほ》め立てたりした。

が、彼女がその仲間へはいるや否《いな》や、見知らない仏蘭西の海軍将校が、何処からか静《しずか》に歩み寄った。そうして両腕を垂れた儘《まま》、叮嚀《ていねい》に日本風の会釈《えしゃく》をした。明子はかすかながら血の色が、頬《ほお》に上って来るのを意識した。しかしその会釈が何を意味するかは、問うまでもなく明かだった。だから彼女は手にしていた扇を預って貰《もら》うべく、隣に立っている水色の舞踏服の令嬢をふり返った。と同時に意外にも、その仏蘭西の海軍将校は、ちらりと頬に微笑の影を浮べながら、異様な（注6）アクサンを帯びた日本語で、はっきりと彼女にこう云った。

「一しょに踊っては下さいませんか」

（中略）

彼女はその間《ま》も相手の眼が、折々彼女の手や髪や水色のリボンを掛けた頸へ注がれているのに気がついた。それは勿論《もちろん》彼女にとって、不快な事でも何でもなかった。が、或刹那《せつな》には女らしい疑いも閃《ひらめ》かずにはいられなかった。そこで黒い天鵞絨《びろうど》の胸に赤い椿《つばき》の花をつけた、独逸《ドイツ》人らしい若い女が二人の傍《かたわら》を通った時、彼女はその疑いを仄《ほの》めかせる為《ため》に、こう云う感歎《かんたん》の言葉を発明した。

「西洋の女の方はほんとうに御美《おうつく》しゅうございますこと」

海軍将校はこの言葉を聞くと、思ひの外真面目に首を振った。

「日本の女の方も美しいです。殊《こと》にあなたなぞは――」

「そんな事はございませんわ」

「いえ、御世辞ではありません。その儘すぐに巴里《パリー》の舞踏会へも出られます。そうしたら皆が驚くでしょう。（注7）ワットオの画の中の御姫様のようですから」

明子はワットオを知らなかった。だから海軍将校の言葉が呼び起した、美しい過去の幻も――仄《ほの》暗い森の噴水と凋《すが》れて行く薔薇との幻も、一瞬の後には名残《なご》りなく消え失せてしまわなければならなかった。が、人一倍感じの鋭い彼女は、アイスクリイムの匙《さじ》を動かしながら、僅《わず》かにもう一つ残っている話題に縋《すが》る事を忘れなかった。

「私も巴里の舞踏会へ参って見とうございますわ」

「いえ、巴里の舞踏会も全くこれと同じ事です」

海軍将校はこう云いながら、二人の食卓を繞《めぐ》っている人波と菊の花とを見廻《みまわ》したが、忽《たちま》ち皮肉な微笑の波が瞳の底に動いたと思うと、アイスクリイムの匙を止めて、

「巴里ばかりではありません。舞踏会は何処でも同じ事です」と半ば独り語《ごと》のようにつけ加えた。

(3)

一時間の後、明子と仏蘭西の海軍将校とは、やはり腕を組んだ儘、大勢の日本人や外国人と一しょに、舞踏室の外にある星月夜の露台に佇《たたず》んでいた。

欄干《らんかん》一つ隔てた露台の向うには、広い庭園を埋《うず》めた針葉樹が、ひっそりと枝を交し合って、その梢《こずえ》に点々と(注8)鬼灯提燈《ほおずきぢょうちん》の火を透《す》かしていた。しかも冷《ひや》やかな空気の底には、下の庭園から上って来る苔の匂や落葉の匂が、かすかに寂しい秋の呼吸を漂わせているようであった。が、すぐ後の舞踏室では、やはりレエスや花の波が、十六菊を染め抜いた紫縮緬《ちりめん》の幕の下に、休みない動揺を続けていた。そうして又調子の高い管絃楽のつむじ風が、不相変《あいかわらず》その人間の海の上へ、用捨《ようしゃ》もなく鞭《むち》を加えていた。

勿論この露台の上からも、絶えず賑《にぎやか》な話し声や笑い声が夜気を揺《ゆす》っていた。まして暗い針葉樹の空に美しい花火が揚る時には、殆《ほとんど》人どよめきにも近い音が、一同の口から洩《も》れた事もあった。その中に交って立っていた明子も、其処にいた懇意の令嬢たちとは、さっきから気軽な雑談を交換していた。が、やがて気がついて見ると、あの仏蘭西の海軍将校は、明子に腕を借《か》した儘、庭園の上の星月夜へ黙然《もくねん》と眼を注いでいた。彼女にはそれが何となく、郷愁でも感じているように見えた。そこで明子は彼の顔をそっと下から覗きこんで、

「御国の事を思っていらっしゃるのでしょう」と半ば甘えるように尋ねて見た。

すると海軍将校は不相変微笑を含んだ眼で、静に明子の方へ振り返った。そうして「ノン」と答える代りに、子供のように首を振って見せた。

「でも何か考えていらっしゃるようでございますわ」

「何だか当てて御覧なさい」

その時露台に集っていた人々の間には、又一《ひと》しきり風のようなざわめく音が起り出した。明子と海軍将校とは云い合せたように話をやめて、庭園の針葉樹を圧している夜空の方へ眼をやった。其処には丁度赤と青との花火が、蜘蛛手《くもで》に闇を弾きながら、将《まさ》に消えようとする所であった。明子には何故かその花火が、殆悲しい気を起させる程それ程美しく思われた。

「私は花火の事を考えていたのです。(4)我々の(注9)生《ヴィ》のような花火の事を」

暫《しば》くして仏蘭西の海軍将校は、優しく明子の顔を見下しながら、教えるような調子でこう云った。


(後略)

(本文の引用は芥川龍之介『戯作三昧・一塊の土』(一九六八年)に拠った。引用した本文は設問の都合で一部改変した箇所があるが、原文を尊重し、原文の内容が変わらない程度に留めた。)

注
1 籬……竹などで編んだ垣根
2 流蘇……糸や毛などで組んだひもの一端を束ねて、その先をバラバラにしたもの。
3 夙に……早くから。前々から。
4 支那……現在の中国及びその一部を指す呼称だが、現在は差別的であるとされ、使用が避けられている。
5 辮髪……頭髪の周囲を剃り、中央の髪を編んで後ろへ垂らした清国の男子の髪型。
6 アクサン……アクセントのこと。
7 ワットオ……Jean Antoine Watteau フランスの画家。
8 鬼灯提燈……赤く小さな球形の提灯。装飾用の照明として使われる。
9 生……フランス語で生命を指す。

問一　傍線（1）「愉快なる不安」とは、明子のどのような心情を指しているのか、六〇字以内で説明せよ。

10点

問二　傍線（2）「開化の日本の少女の美」とは、どのような美しさであると考えられるか、四〇字以内で説明せよ。

8点

問三　傍線（3）「一時間の後、明子と仏蘭西の海軍将校とは、やはり腕を組んだ儘、大勢の日本人や外国人と一しょに、舞踏室の外にある星月夜の露台に佇んでいた」とあるが、明子が将校に挨拶されてから傍線部の前までの、明子の心情の移り変わりを説明せよ。

10点

問四　傍線（4）「我々の生のような花火」とあるが、こう言った時の海軍将校の心情を説明せよ。

12点

〔出典：芥川龍之介「舞踏会」／『戯作三昧・一塊の土』（新潮社）所収〕

／40点

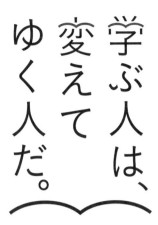

大学入試 全レベル問題集

現代文

河合塾講師 梅澤眞由起 著

6 国公立大レベル

改訂版

はじめに

現代文――なんとも曖昧《あいまい》な名前のとおり、その姿も霧におおわれているような感覚が君たちに染みついているかもしれない。

北海道根釧《こんせん》原野の北端に位置する摩周湖《ましゅうこ》――ほとんど一年中霧に包まれ、その姿を人に見せない神秘の湖――その湖が偶然か必然かその姿をあらわにするときが、一年に数度あるという。

その湖のように、僕らの目の前に〝現代文〟がその姿を現すときがあるだろうか。それは誰にも断言はできない。摩周湖がその姿を現すときが、現代気象学をもってしてもわからないように。〝現代文〟もまた、知識や法則を拒む側面を持っているからだ。

しかしもし〝摩周湖〟の姿を見る者がいたとするならば――かつてその原野に土着する民らは、深い霧に包まれた森の中で、秘《ひそ》かに神への祈りを捧《ささ》げながら、霧が晴れ湖が姿を現すその一瞬を見たという。彼らにならうならば、僕らもまた〝現代文〟という湖の前に、霧にまぎれながら立ち尽くし、〝現代文〟の現れを待つしかないだろう。ただ、かつての民たちがそうだったように、僕らにも待つ方途がある。本書はその方途を示すものだ。

よく考えれば、僕らの世界そのものが曖昧なのだ。だがその曖昧さにいらだち不安を抱え、確かで強いものに身をすり寄せるよりも、その曖昧さ、中途半端さをこそ身にかぶり、その曖昧さを引き受けて世界を飼い馴《な》らす方法を身につけることこそが、この世界に生きる僕らの、悲惨と栄光なのではないだろうか。そのようにして世界との出会いを待つこと、しかも、〝現代文〟との、めくるめく困惑の中に身を浸《ひた》し、なおかつそれを楽しむための道しるべを手にすること、そして、この〝現代文〟という霧の向こうへ突き抜けること――おそらくそのさなかで、僕らは文章や筆者という不思議な他者と出会うだろう。それは幸福な出会いでもありうるし、嫌悪といらだちでしかないかもしれない。しかし、それを楽しむことのできる者だけが、湖の姿に出会う。

僕らは、湖の姿を見る者である。したたかな出会いの流儀を身につけて、〝霧を突き抜ける〟者であるはずだ。ならばもう、ためらいはいらない。今、いっきに言葉の湖《うみ》へ。

梅澤眞由起

目次

この問題集の構成と使いかた

まずは〈地固め編〉を読んで例題を解き、現代文の基礎と記述問題の原則について学びましょう。つぎに〈実戦編〉に進み、別冊の入試問題を解きましょう。目標解答時間が示されているので、時間をはかることも忘れずに。

問題を解き終えたら、いよいよ解説に進みます。各講の解説は、大きく分けて、つぎの二つに構成されています。

問題文ナビ …出題された文章、つまり問題文そのものを細かく読み解きます。

読解のポイント・**200字要約**・**ひとこと要約**などで、頭の中をしっかり整理してください。

要約のポイント に従い自己採点をしましょう。

設問ナビ …出題された設問を解説していきます。

自分自身がひっかかってしまった点をここでしっかり解決しましょう。p.62「自己採点の仕方」を参考に、自分の解答を採点しましょう。

本冊で使用する記号について

ムズ …解答を作成する上で難しいポイントや間違えても仕方のない、ややむずかしい設問に示してあります。

大ムズ …むずかしくて、かなり正答率の低い設問に示してあります。

合格点30点 …〈予想される平均点＋1問分〉として示してあります。

L42・**(L42)** …問題文での行番号を示しています。

梅POINT …現代文の大事なポイントをひとことでビシッと示しています。同じ種の設問などにも共通するポイントなので、頭のひきだしに入れておきましょう。

テーマ 言語1 …各講の問題文で扱われたテーマについて、もう一歩踏み込んで解説しています。

「全レベル問題集　現代文」シリーズのレベル対応表

＊掲載の大学名は購入していただく際の目安です。
また、大学名は刊行時のものです。

シリーズラインナップ	各レベルの該当大学
① 基礎レベル	高校基礎～大学受験準備
② 共通テストレベル	共通テストレベル
③ 私大標準レベル	日本大学・東洋大学・駒澤大学・専修大学・京都産業大学・近畿大学・甲南大学・龍谷大学・東北学院大学・成蹊大学・成城大学・明治学院大学・國學院大學・亜細亜大学・聖心女子大学・日本女子大学・中京大学・名城大学・京都女子大学・広島修道大学　他
④ 私大上位レベル	明治大学・青山学院大学・立教大学・中央大学・法政大学・学習院大学・東京女子大学・津田塾大学・立命館大学・関西大学・福岡大学・西南学院大学　他
⑤ 私大最難関レベル	早稲田大学・上智大学・南山大学・同志社大学・関西学院大学　他
⑥ 国公立大レベル	東京大学・京都大学・北海道大学・東北大学・信州大学・筑波大学・千葉大学・東京都立大学・一橋大学・名古屋大学・大阪大学・神戸大学・広島大学・九州大学　他

「全レベル問題集　現代文」WEB 特典

共通テスト／志望大学別　出題分析と学習アドバイス

共通テストや各レベルの主要大学の出題傾向分析と学習アドバイスを紹介しています。

今後実施される共通テストについては、こちらのサイトに解説を掲載します(2023年12月時点)。

以下のURLか右の二次元コードから、公式サイトにアクセスしてください。

https://service.obunsha.co.jp/tokuten/zenlevelgendaibun/

※本サービスは予告なく終了することがあります。

執筆者　**梅澤眞由起**（うめざわ まさゆき）

河合塾講師。北海道札幌市出身。著書に『入試精選問題集 現代文』『得点奪取　現代文』（ともに河合出版：共著）、『私大過去問題集』（桐原書店）、『基礎からのジャンプアップノート　現代文重要キーワード・書き込みドリル』『〃現代文読解・書き込みドリル』（旺文社）など。文章を丁寧に読み解く授業には定評がある。

編集協力：横浜編集事務所
校正：山本咲子／國本美智子／多田祐子／中村悠季
装丁デザイン：(株) ライトパブリシティ
本文デザイン：イイタカデザイン

「現代文のお約束 ―〈つなぐ〉〈分ける〉―」

現代文の大前提

◆「客観的に読む」

筆者になりきること。解答の根拠は常に問題文に。

◆「論理的に読む」

「論理」とは〈つながり〉である。それを見つけることが論理的に読むこと。〈つながり〉が設問を解く手がかり！

学習する上でのこころがまえ

◆時間配分に注意

どんなにむずかしい文章でも、問題文の読解に時間をかけすぎてはいけない。もち時間の60％は解答作成に使おう。

◆二段階の演習

❶時間をはかり（問題冒頭の〈目標解答時間〉参照）テスト形式で行う。

❷2、3日あとに、他人の立場に立って徹底的に自分の解答を評価し、なぜこう答えたか他人に説明できるような客観的なチェックをする。

＊❷が大事！ できなかった部分や書き換えた答えは青などで書く。もとの答えは残しておこう。青い部分がなくなれば、時間内でできるようになり、最初からいい答えが書けるようになった証拠になる。

解法の手順

1 設問をチラ見する（30秒）

→読み方を決めてくれる設問をチェック

傍線のない設問・「問題文の論旨に即して（踏まえて）」という設問は、問題文全体の論理を視野に入れるべき設問。相違点説明問題は対比を、傍線部内容説明問題はイイカエを、理由説明問題は因果関係を、意識して読解に入る。

2 〈大きな（＝マクロな）つながり〉をつかむ

テーマを読み取り、文章の大きな（＝マクロな）**つながり＝文構造**と意味のブロックをつかもう。初読は最大でも20分で済ませる。わからないところは読み飛ばす。細かく読み過ぎない！ 可能ならば、頭の中でもよいから、テーマを20字程度でまとめる。

● 文構造の種類

イイカエ

Aに傍線を引いて、Aと同じ内容の部分（A′）を手がかりにしてAを説明させたりする設問などがつくられる。

A′＝A

A：言葉には複数の意味がある
＝
A′：言葉は多義的だ

具体（例）と抽象（まとめ）

イイカエの〈つながり〉の変形バージョン。具体例（A）の部分に傍線を引き、Aを抽象化させたり、イコール関係にあるまとめ（A′）の部分の内容を答えさせたりする設問がつくられる。

A（例）＝A′（まとめ）

A（例）：父は今日も残業だ
＝
A′（まとめ）：日本人は勤勉だ

対比

二つの対照的なことがらを比べ合うのが対比。二つの違いを問う相違点説明や、同じグループにある語句の組み合わせを問う設問などが作られる。Aに関することが離れたところにもう一か所あれば、それをつなぐとイイカエの〈つながり〉が作られることにもなる。

〈B〉↔A

A：文学は主観を大切にする
↔
〈B〉：科学は客観性を重んじる

因果関係

論理〈つながり〉のメイン。問題提起をした文章や「どうしてか」ということを追究した文章では、結果や事象（A）に傍線を引き、その理由（B）を問うという設問などが作られる。理由説明問題がある場合は、展開のある文章であることが多く、視野を大きくもち、論理的に整理していくことが求められる。

A（結果）→B（理由・原因）

A（結果）：科学の発展
→
B（原因）：産業革命

● 初読の際の具体的な作業

① 段落冒頭の接続語・指示語や段落間の共通語句をチェックし、段落同士の話題のつながり、境界・区分け（意味のブロック）をつかむ。

② **対比（二項対立・日欧比較文化論・近代とほかの時代・筆者の意見とほかの意見や一般論との対立）**をつかむ。できたら、対比関係にあることがらのどちらか片方を〈　〉で囲む。

③具体例は軽く読む。「このように・要するに・つまり」などではじまる〈まとめ〉の部分に傍線を引く。

④引用、比喩もイイカエ関係なので、具体例と同じように扱う。

⑤問題提起とそれに対する筆者の結論に傍線を引く。

⑥筆者の考えが強調されているつぎのような箇所や、繰り返されている内容をチェックする。

「もっとも大事なことは〜」

「〜こそ必要である」

「〜しなければならない」

「このようにして〜」　＊まとめの表現

「〜ではない（だろう）か」　＊打ち消しを伴う問い

⑦定義の部分「○○とは〜である」に傍線を引く。

（行の冒頭にチェックマークをつけるだけでもよい）

注意点

・傍線は引きすぎないように。自分が大事だと思う箇所に傍線を引くのではなくて、筆者が大事だということを示している右のような箇所にだけ傍線を引く。

・漢字と分類問題・違うもの探しなどは初読のときに解いてもよい。

・傍線部問題があったとき、設問文を見たり、答えをそこで考えるのではなく、一度最後まで読んでから、考える方がよい。

3〈小さな（＝ミクロな）つながり〉をつかむ

設問と傍線部分へ。〈小さな（＝ミクロな）つながり〉＝傍線部前後の接続語と指示語を意識する。設問ごとに問題文をチェック。

＊解法の手がかりを得るために、傍線部前後の接続語と指示語を意識する。

●接続語の種類

・「これに対して」「一方、他方」「しかし」「〜だが」「〜に対し」「〜ではなく」など→**逆接・対比**

・「たとえば・事実・実際」で始まる→**具体例**

・「なぜなら」「だから」「ゆえに」「よって」「〜から・〜ので・〜によって」→**因果関係**

・「もちろん・なるほど・たしかに」＋他人の意見の承認→逆接（だが・しかし）＋筆者の主張→**譲歩構文**

・「そして」→**順接・並列・強調**

・「また」「のみならず」「さらに」など→**並列・付け加え（添加）**

復習しよう

① 解説を読もう。自己採点を行い、何が必要だったか、何が余計だったかを確認しよう。

② 2、3日おいてから文章をもう一度、流れ（大きなつながり）を意識し、**自分の言葉でかみ砕いて**読もう（そのために予習前にまっさらの問題集をコピーしておくこと）。声に出して誰かに説明するように、それぞれの設問の解きかたをもう一度確認し、解答を書き直す。

③ 要約（200字以内）や問題文の流れを図示するのもよい。要約は、この問題集に載っている要約例と照らし合わせて自己採点しよう。

④ **いつも守るべきルールを確認して**、すぐにつぎの問題を一題やってみよう。数学と同じで、同じ公式を、違う問題で使えることがポイント。

地固め編

現代文の原点 ① 根拠をつかもう！

現代文の原点 ② 論理的になろう！

記述問題の原則

現代文の原点 ① 根拠をつかもう!

「客観的」という言葉があります。「客観的」とは他の人の立場に立つ、という意味です。では、この「他の人」とは誰でしょう? 受験の現代文では、「他の人」とは〈**筆者**〉です。では〈筆者の立場に立って読み、解答する〉には、具体的にはどういうことをすればよいのでしょうか?

それは自分の考えや常識を交えずに、**筆者の記した言葉とそこに表れた筆者の意識だけを、読解の、そして解法の手がかりとする**、ということです。つまり〈ここにこう書かれているから、こういうことだ。ここにこう書かれているから、解答はこうなる〉というふうに、**常に読解の根拠を問題文に求める**ということです。つまり、与えられた文章で筆者は何を述べていたかを答えることが、「客観的」=筆者の立場に立つ、ということです。現代文では、みんなは筆者の考えを忠実に大学へ伝える筆者の分身なのです。

僕は河合塾のオンライン授業で、自分の講座に「イタコ修行編」という名前をつけたことがあります。「イタコ」って青森県の恐山《おそれざん》とかにいる霊媒師です。「イタコ」は〈死んだジイジの声を聴きたい〉ってやってきた家族の願いを聞き、自分を捨ててジイジを自分に乗り移らせ、〈く・る・し・い……〉とかジイジの声を家族に届けます。そう、みんなは「イタコ」なんです。「イタコ」として筆者(=ジイジ)を背負って、その声を大学(=家族)に届けなければなりません。その筆者の声を忠実に届けられれば○。〈今日は霊(=ジイジ=筆者)のノリがちょっと悪いな〉とかいって〈お金たくさん置いてけぇ〜〉とか嘘のジイジの声を届けたら、「イタコ」失格! ↓大学は去っていく……。

もちろんレベルが上がれば、問題文に書かれていない内容を推論しなければならない場合も出てきます。ですがその場合でも、〈問題文にこう書かれているから、こう推測できるのではないか？〉というふうに、あくまで筆者の書いた言葉に即した根拠を求めて読解していかなければなりません。

そして「根拠」とは〈問題文に書かれていて、読解や解法を支える証《あかし》〉のこと。みんなは常にこの「根拠」を問題文に探してください。根拠があって答える——これが「客観的に解く」ということの意味です。

現代文の原点　②論理的になろう！

「**客観的**」な読解ということともう一つ、現代文の学習でよくいわれることが「**論理的**」に読み解く、ということです。「論理」って難しそうだけど、ある論理学の先生は〈論理は思いやりだ〉っていっています。つまり文章を書いている人は、自分のいっていることを読んでいる人にわかってもらいたいんだ。だからどうやったらわかりやすくなるか、そのことを考えて、〈ふつうなら言葉や話題はこうつながるよね、こうつながったほうがわかりやすいよね〉って考えて文章を書く。だから文章のなかには、**言葉のつながりや内容のつながり、つまり論理**が生まれる。それを追っかけてたどっていくことが、筆者の思いやりを受けとめて、文章を読み文章を理解するということです。

ただそのつながり（＝論理）は、一番小さい単位でいえば語句と語句とのつながりから始まり、文と文、段落と段落、そして複数の段落のつながりが生み出す意味のブロックと他の意味のブロックとのつながり、そして文章全体のつながりへと広がっていきます。その全体像を意識できるようになることが、〈論理的に読む〉ということです。

そしてこの**「論理＝つながり」はみんなの記述解答にも求められます**。ただ問題文の部分をツギハギしただけじゃダメっ！　ていわれるのは、問題文の言葉を使っちゃダメ、といっているのではありません。そこに本文からピックアップした部分同士の「つながり」がないから、意味がわからなくてダメ出しされているのです。この「つながり」は内容的なつながりだけではなく、表現のつながり、つまりわかりやすいスムーズな日本語が求められている、ということでもあります。そうした日本語が使えるように、日々書きまくってください。

記述問題の原則

では、この問題集で扱う「記述問題」の「基本」についてお話しします。

記述問題は、たいてい設問文に「説明」せよ、「述べよ」と書いてあります。この記述問題での「説明」というのは、ふつうの会話で、相手と自分がともに知っていることをもとにして話すのとは違います。**相手（答案を見る人も）は賢い、だけどみんなと同じ情報をもっていない、つまり問題文の内容を知らない人だと思ってください**。だから別に難しい言葉をぜんぜん知らない小学生を相手に「説明」するわけではありません。だけど**〈この表現じゃわかりにくいよね〉**とか思ったら、**もっとわかりやすい表現を問題文に探してください。〈わかりやすい解答とは、問題文を読んでなくても、君たちの解答を見て、はー、そういうことね、とわかる解答〉**です。そうした解答を目指してください。たとえば問題文ではカギカッコがついている「現実」が〈ホントの現実じゃない〉という意味を表しているのに、解答にそのまま「現実」と書けば、問題文の内容を知らない人はこの言葉の意味を誤解するでしょう。だからこういうときは、〈現実ではない現実〉というふうに、**問題文に即した説明をしなければなりません**。難しいけど、自分の言葉で書かなくてはならないこともあります。このことはしっかり頭に入れておいてください。

梅 POINT

「説明」とは、問題文を読んでない人にもわかってもらえるように述べることと心得よ。

記述問題の基本

1 傍線部（および文脈）と設問文を分析する。

2 **1**から何を説明すべきかを決める。

3 **2**に該当する本文の該当箇所を探す（ないときは自分の言葉で説明する→ムズ）。

4 **3**の箇所をどう解答のなかでつなぐかを考える→構成力。

まず**1**について。傍線部のある記述問題は、まず傍線部の意味を考える。ただし**傍線部は傍線部だけじゃなく、「文脈」のなかにあり、そのつながりのなかで意味や内容を考えていかなくてはなりません。つまり傍線部とその前後の〈つながり＝論理〉を見つける、ということを意識して、傍線部の前後の内容も頭に入れながら、傍線部の意味を考えてください**。「だいたい、こういうことだな」でいいです。そのときは、

a 傍線部自体の意味・難解語の解読→**語彙《い》力が必要**。
b 傍線部が傍線部を含む文のなかでどんな位置にあるか確認（例：傍線部が述部だったら主語は？とか）。
c **傍線部の前後とのつながりを指示語・接続語で確認**。

という具体的な作業も意識しましょう。

それともう一つ、〈**設問文**〉。**そこに書かれている、たとえば「問題文中の具体例に即して」というような条件を見逃さないこと！** とにかく**傍線部と設問文は〈神〉**ですから、絶対にその内容に従ってください。

これができたら**2**にいきます。**傍線部のなかで説明しないといけないところ、設問文の条件、などをまとめて、書くべきこと（＝ポイント）を決めます**。

そして**3**。そのポイントに当たる内容は、どこに書かれているか、を問題文に探す。

梅POINT 傍線部中や傍線部の前後の表現と、同じか類似の表現をチェックして、それらと同じ表現のある箇所をつなぐべし。

そうすると、傍線部の**イイカエ**・説明が見つかることがあります。**本文の言葉で解答を書くのが基本**です。そしてあとで説明する傍線部内容説明問題がとくにそうですが、他の設問でも、

梅POINT 解答に使う表現は、傍線部の表現や問いかけによりよく対応するものを選ぶべし。

それらをうまく結びつけて、よい答案に仕立てるのが**4**。こういう力を「**構成力**」といいますが、ここで**大事なのは、先ほどいった〈つながり＝論理〉**です。よい答案は、ポイント同士がうまくつながっている論理的な解答です。だからポイント同士のつながりとスムーズな表現を考えましょう。みんなは編集者なんです。他人（＝筆者）の文章をうまくまとめる人なんです。よい編集ができるようになったら、かなりレベルが高くなってるってことです。問題文の「切りばり」が悪いのではありません。**構成力**が不足していて、ス

ムーズにつながっていないから、「切りばり」といわれるのです。
それでは今までいった〈**原点**〉と〈**基本**〉をきちんと身につける〈**地固め編**〉を具体的にやっていきましょう。
がんばろうね！

1 対比と相違点説明

例題1 **つぎの文章を読んで、あとの問いに答えなさい。設問の都合により、原文を改めた箇所がある。**

中世は浄土信仰が流行し、多くの人々が死後の救済を願った時代だった。しかし、中世人も最初から死後の命運だけを気にしていたわけではなかった。鎌倉時代の作品である『絵師草子《えしのそうし》』には、ある貧しい絵師が伊予守《いよのかみ》への任用を喜んで、一族で盛大な祝宴を開く様子が描かれている。死を考えるよりも、生きているうちに満ち足りた生活を送りたいと願うのは、中世人も現代人も同じだった。けれども、中世の客観的な社会状況がそれを許さなかった。

現代の日本では誰もが、自分はいずれ老年期を迎えることを当然と考えている。日本人の死亡率が、若年期・壮年期には際立って低いからである。しかし、中世では事情はまったく違った。中世人はこの世に誕生した瞬間から、年齢にかかわらず櫛《くし》の歯が欠けていくように、この世から去ることを宿命づけられていた。中世は自分がいつどこで死ぬか、まったく予測のできない時代だったのである。

その原因が、病気や争乱だった。いまならどうということもない病気や怪我が、中世では致命的となった。いったん疫病や飢饉が勃発すれば、わずかの間に地域の人口は半減した。

いつ幕を閉じるともわからない不安定な人生であるからこそ、人はせめて死後には安楽な生活が保証されることを願った。

こうした過程を経て、中世の日本列島では、来世こそがこいねがうべき真実の世界であり、現世の生活の大半は浄土往生実現のために振り向けられなければならない、という認識が大方の人々によって共有されるようになった。

この世は、所詮は仮の宿りにすぎない。そこでのつかの間の生活のために、モノを求め身を飾ることは無意味な行為である。

祇園精舎の鐘の声、諸行無常の響あり。沙羅双樹の花の色、盛者必衰のことわりをあらわす。（『平家物語』）

ゆく河の流れは絶えずして、しかも、もとの水にあらず。淀みに浮かぶうたかたは、かつ消えかつ結びて、久しくとどまりたる例《ためし》なし。（『方丈記』）

だれもが知るこれらの有名な書き出しの言葉も、この世を仮の世とみる世界観を背景として生まれたものだった。中世の史料を繙《ひもと》けば、いたるところに現世の無常と人間の生の有限を強調する言葉を見出すことができる。先に述べたように、中世人も決して頭からこの世での安楽な生活を放棄していたわけではなかった。むしろ強くそれを望んでいた。その願望を容易に実現できない外的環境が、世の無常を語るこうした言葉を生み出していたのである。

〔佐藤弘夫《さとうひろお》『日本人と神』（講談社）による　小樽商科大学出題・改〕

問 筆者は、現代の日本人の生死に対する意識と中世の死生観との違いをどのように考えているか。その違いが生じる原因も含めて八〇字以内で説明しなさい。

問題文の要旨 現代では長生きが当たり前となっているが、病気と争乱が頻発し、いつ死ぬかわからなかった中世では、生や死について考えることが多かった。

まず、p.6の「**現代文のお約束**」「**文構造の種類**」に書いてあるつぎのことを、もう一度確認しましょう。

・対比

〈B〉↔A

A：文学は主観を大切にする
↔
〈B〉：科学は客観性を重んじる

二つの対照的なことがらを比べ合うのが**対比**。二つの違いを問う相違点説明や、同じグループにある語句の組み合わせを問う設問などがつくられる。**A**に関することが離れたところにもう一か所あれば、それをつなぐとイイカエの〈つながり〉がつくられることにもなる。

右の繰り返しになりますが、文章が**対比**の構造（A⇔B）をもつとき、**AとBとの違いを説明しなさい、という〈相違点説明問題〉がつくられる**ことが多いです。**p.6**の「**現代文のお約束**」のところにも書きましたが、問題を読み解く前に、まず「設問をチラ見する」（30秒）癖をつけてください。これは設問を覚えるためではなく、問題文の読みかたをリードしてくれるような設問があるかどうかをチェックするためです。もし**相違点説明問題**があったら、問題文には**対比**があるっ！　てことですね。何と何の違いを説明せよ、といっているかを頭に入れて問題文を読み始めれば、文章の読みかたと解きかたを手助けしてくれるでしょう。もっと具体的にいえば、Aを説明している部分（Bでもいいですよ）を〈　〉（山カギカッコ）でくくっておくとか、アバウトでいいですから、AとBの切れ目を意識し、チェックしていってください。

たとえばこの問題では、「現代の日本人の生死に対する意識と中世の死生観」の〈違い〉を問うています。「死生観」は死ぬってどういうことか、生きるってどういうことかということについての考え、ですね。そのことに対する現代と中世の考えの〈違い〉を述べなさい、という設問を頭のなかに入れて問題文を読むのです。

すると第一段落が中世、そして第二段落冒頭で「現代の日本では」というふうに「現代」に転換します。ですからこの第二段落の「現代の」っていうところに山カギカッコをつける。でもすぐ*L* **7**の「しかし」という接続語で「中世」にまた話題が変わります。だから「しかし」の前で山カギカッコを閉じる、というような形で〈**対比**〉を意識していければナイス。そのあとはずっと中世。それでは、まず第一段落の内容から中世という時代がどんなふうに人の死や人の生を考えていたかを探っていきましょう。

ただし中世のことだったらなんでも書くわけじゃありません。あくまでも「死生観」に関することをピックアップしないとダメ。するとまず「浄土信仰が流行し」（**p.28「生徒の解答と採点例」**参照）という話は少し迷うけど、当時の社会状況であり、「死生観」は直接示されていない。ここよりは、そのあとの「**多くの人々が死後の救済を願った**」（**B**）のほうが、人間の死に関係がありますから、こっちを解答に書いたほうがよいと考えてください。

そのあとは「『絵《え》師草子《しのそうし》』」の例が示され、中世人も「死を考えるよりも、生きているうちに満ち足りた生活を送りたいと願」っていたという話になります。そしてそう「願うのは、中世人も現代人も同じだった」

って書いてありますね。この、生きているうちに満ち足りた生活を送りたいと願う点は、相違点ではなく中世人と現代人の共通点ですね。つまり解答にはイラナイ。こういうとこは自信をもって〈書かない！〉って思ってほしいところです。設問の指示に忠実にね。でも生きているうちにいい生活をしたいという中世人の願いは、中世の社会状況によって許されなくなる。じゃあ中世の社会状況はどうなっていたのか？　つぎの第二段落冒頭は、さっきいったように現代日本の話になっています。だからそこは飛んで*L* **7**に行きましょう。そこには中世人は誕生したときから、「この世から去ることを宿命づけられていた」と書かれています（暗い……）。で、その原因が第三段落冒頭に書いてあるように、「**病気や争乱**」（**b 1**）なんですね。ここでちょっと立ち止まる。**設問文に「その（＝死生観の）違いが生じる原因も含めて」とありました。設問文の要求が解答の要素＝ポイントになる**ことは、**p.15**「**記述問題の基本**」にも書きましたね。ですからこれは解答に書かなくてはならないことですよ。

そしてつぎの第四段落。そこには、第一段落と同じように〈死後の安楽な生活を願った〉（**B**）ということが書かれています。このことは一度書けばよいです。

梅 POINT　**同じ設問のなかで内容がダブることは避けるべし。**

そしてつぎの第五段落。やはり来世こそが真実の世界だという中世人の「認識」（**B**）が述べられ、それゆえ現世の生活は極楽浄土のために使われるべきだという「認識」が中世の多くの人々によって共有されていた。そうなると来世が真実なんだから、この世は偽物の「仮の宿り」になります。つぎに引用された平家物語や方丈記もこの引用部分のあとを見ると、やはり「この世を仮の世とみる世界観」を示す例として引用されたことがわかります。

そして、ここには中世の人々の、現世に対する考えかた、つまり生きていることに対する考えかたが書かれていますね。「認識」(L15)という言葉があったり「世界観」(L26)っていう言葉があることからも、これは設問が求める「死生観」の「生」に関わる考えかたとして解答に入れるべきです。ただ「仮の宿り」は**比喩的な表現**ですので、**使わないほうがいい**です。L27で、平家物語などの表現を「現世の無常と人間の生の有限を強調する言葉」だといっています。「現世の無常」と「人間の生の有限」は同様のこととして並列されていると考えられます。そして「仮の世」とも同じ意味になりますね。どちらもこの世のはかなさを表すものだからです。すると中世の「生」に対する考えかたとして、〈**b2　現世の無常を意識する／生の有限を意識する／現世を仮の世と考える**〉などと書ければナイスです。「意識する」「考える」としたのは、設問文の「死生観」の「観(=見方・考えかた)」に対応させるためです。また「いつ幕を閉じるともわからない不安定な人生」(L12)という部分は、「であるからこそ」〈死後の安楽〉を願ったと続くので、中世人の「生」に対する考えともいえる。だからここを使って〈いつ死ぬかもわからない〉などと書いても**b2**として許容されます(「幕を閉じる」そのままは比喩的だから1点減)。

では一方の現代についてはどんなことがいわれていますか。現代のことは第二段落冒頭にしか出てきません。現代人は「**いずれ老年期を迎えることを当然と考えている**」（*L*6 A）のです。これは長生きするってことですね。そう考える原因は、**「死亡率」**（*L*6）**が低いから**（a1）です。そしてこれを書くことで、b1とのバランスが取れ、また現代と中世との対比が明確になります。a1とb1は〈**対比**されるペア〉です。

梅 POINT 相違点説明の解答では、できるだけ対比のペアをつくるべし。

現代人の「死」に対する考えが明確に書かれていないのは、現代人は長い生を生きるということのほうが筆者のいいたいことだからでしょう。いくら**対比**されるペアが大事だといっても、問題文に書かれていない現代人の「死」についてまで書いてはいけません。

今までいってきたことをまとめるとつぎのようになります。そしてこれら五つが解答の要素（＝ポイント）です。

A　現代…老年期を迎えることを当然と考える／長生きするのは当然と思う
→
a1　（若年期・壮年期の）死亡率が（際立って）低い（原因）

⇔

B　中世…死後（来世）の救済を求める

→　b2　現世の無常を意識する／生の有限を意識する／現世を仮の世と考える

→　b1　病気や争乱が多い（原因）

解答例

現代では、若年期・壮年期での死亡率が低く、老年期を迎えるのを当然と考えるが、中世では、病気や争乱によって人間の生の有限さを強く意識し、死後の救済を求めた。（77字）

採点のポイント　計12点

A　現代…老年期を迎えることを当然と考える／長生きするのは当然と思う……**3点**

a1　（若年期・壮年期の）死亡率が（際立って）低い（原因）……**2点**

B 中世…死後（来世）の救済を求める……**3点**

△「浄土信仰が流行した」は「死生観」そのものではないので2点減。

b1 病気や争乱が原因……**2点**

△「病気」と「争乱」のどちらかがないものは1点減。

b2 現世の無常を意識する／生の有限（さ）を意識する／現世を仮の世と考える……**2点** ムズ

△「この世から去ることを宿命づけられていた」／「いつどこで死ぬか予測できない時代だった」などは、中世の時代状況であり「死生観」そのものではないので1点減。

右の「**採点のポイント**」やつぎの「**採点例**」を見ながら、自分の答案を自己採点しましょう！

生徒の解答と採点例

中世には浄土信仰が流行した。それは病気などが多く、いつどこで死ぬか予測できない時代だったからである。一方現代は死亡率が低く、老年期を迎えるのを当然と考えている。

△B…1点　△b1…1点　△b2…1点　○A…3点　○a1…2点

8点

ついでにいっておくと、**対比**には、大きく分けて四つのパターンがあります。

〈対比〉の4パターン

1 二項対立（＝AさんとBさんとか、二つを単純に比較する）。

2 日欧比較文化論（＝日本と欧米などの文化を比較する）。

3 筆者の考えと他の考えかた（一般論など）との対立（＝「よく○○と考える人が多い。しかし」というパターンが多い）。

4 近代と他の時代（＝「近代」は特殊な時代と考えられ、その前の前近代やそれ以後の「脱近代」などと対比される。「近代」という言葉が出てきたら、**対比**かも、と考えよう)。

対比はよく注意せよ！　といわれるので、AとBが**対比**されている問題文で、「Aはどういうことか」って聞かれると、書く解答に「Bではなく」と書く人がいます。別に減点にはならないですが、その**ムダな部分を書いたばかりに、大事なポイントが抜ける**、ということがあるので、「○○ではなく」は注意して使ってください。

梅 POINT

〈○○ではなく〉という説明は、同内容の反復になることがあるので注意すべし。

たとえば、「○○じゃなくて、××だ」という説明は、「××だ」といえば済むわけで、「○○じゃなくて」っていう説明は繰り返しになってムダな感じですね。君たちが、学校や予備校から帰ってきて、「ああお腹空《なか》いた、なんか食べたい」といったとき、つくってくれるパパやママが「なにがいい？」って聞いたとき、「ラーメンではない」と答えても、「それじゃ、なんだかわからないよ⁉」ってツッコまれます。「○○ではない」という説明は、強調などでは有効な説明の仕方ですが、繰り返しだけじゃなく、遠回りな説明になることもあるので、使うときは慎重に。

相違点説明問題は得点しやすい設問です。**「Aは〜だが、Bは…だ。」（「〜か…かという違い。」）という形をつくり、〜と…の部分ができるだけ対照的（＝正反対）になるように、反対語などに着目して対比のペアを書いて、**高得点をゲットしましょう。

2 イイカエ（同義）と内容説明問題

例題2 つぎの文章を読んで、あとの問いに答えなさい。

〈書物〉とはいったい何だろうか！ それを評価するとか、読むとかいうことは何を意味するのだろうか？ それを売るとか買うとかいうことになるのは、何だろうか？

これらの問いに、もっとも近づきやすいのは、〈書物〉を人間からもっとも遠くにある観念の〈人間〉とみなすことである。わたしたちは誰《だれ》でも、子どものころは親とか兄弟とか友人とか教師から知識や判断力や書物にたいする習慣的な位のとり方を習いおぼえる。そして、青年期に足を踏みこむと、しだいに親や兄弟や教師たちを、教え手としては物足りなく思いはじめ、離反するようになる。これは個人にとっては〈乳離れ〉とおなじで必然的なものである。しかし、わたしたちは誰もここで錯覚した経験をもっている。親や兄弟や教師などはくだらない存在であり、自分はかれらより優れてしまったし、かれらより純粋であるし、かれらから学ぶものはなにもないというように思いはじめる。こういう思い込みが真実でありうるのは、半分くらいである。あとの半分では、青年期に達したとき、わたしたちは眼《め》の前に何を与えられてもくだらないし、何にたいしても否定したいという衝動をもつようになる。これは自己にたいする不満の投射された病にすぎない。つまり誰もかれを満足させるものではなく何を与えても否定的であることの一半の原因は、対象の側にはなく自己の側にあるだけである。

この時期に、わたしたちは、じぶんを充《み》たしてくれるものとして、〈書物〉をもとめる。〈書物〉は周囲で眼にふれる事柄や人間にすべて不満である時期に、いわば〈肉体〉をもたない〈親〉や〈兄弟〉や〈教師〉の代理物としてあらわれる。ほんとうは〈書物〉は身近にいる〈親〉や〈兄弟〉や〈教師〉などよりつまらないものであるかもしれない。しかし、わたしたちは青年期に足を踏みこんだとき、〈書物〉には肉体や性癖や生々しい触感がなく、ただの〈印刷物〉であるということだけで、不満や否定から控除するのだといってよい。そこで、〈書物〉は身近にいる〈親〉や〈兄弟〉や〈教師〉などより格段に優れた〈親〉や〈兄弟〉や〈教師〉に思われてくる。つまり、遠くの存在だというだけで苛立《いらだ》たしい否定の対象から免かれるのだ。

〔吉本隆明《よしもとたかあき》『背景の記憶』（平凡社）による　鹿児島大学出題・改〕

問 傍線部「観念の〈人間〉」とあるが、これはどういうことをいうのか。六〇字以内で説明しなさい。

問題文の要旨 青年期にわたしたちは自分を優れた存在と思いこみ、親や周囲の人間などすべてのものを否定するが、唯一書物だけは、身近な他者を超えた優れたものとして観念的に幻想される。

・イイカエ

A´＝A
A…言葉には複数の意味がある ＝ A´…言葉は多義的だ

Aに傍線を引いて、Aと同じ内容の部分（A´）を手がかりにしてAを説明させる設問などがつくられる。

右のことについて、少し補足します。傍線部の一部か全部が、問題文の他の箇所で説明されている、あるいは傍線部と同じ表現が本文にある。これらをまとめて、〈**イイカエ**（＝同義）〉ということにします。そしてこうした関係が問題文中にあると、それに着目した問題作成者は、そうした問題文のつながり（＝論理）が見えているか、を試すために、「傍線部『〇〇』とはどういうことか。／傍線部『〇〇』の意味を説明せよ。」っていう傍線部内容説明問題を出題します。

つまりこの種の問題は、**傍線部自体の内容をイイカエなさい・説明をしなさい**、という問題で、現代文全体の80％くらいがこの設問です。ですからこの設問ができるようになれば、現代文の力はかなりアップします。そのためには、何を説明すべきかは傍線部自体にあるので、説明すべきポイントを的確に見抜くことが大切です。

内容説明問題の解きかたの手順

1 傍線部全体の意味をつかんだ上で、説明すべき部分（語句）を考えて、ブロックに分ける。

2 分けたそれぞれの部分を〈**イイカエ**〉る・説明するために、**イイカエ**を本文に探す（ないときは自分の言葉で説明する→ムズ）。

3 答えは、できるだけ傍線部の形をなぞり、上から下に説明していく（古文の口語訳のイメージ）。

＊ **p.24**にも書きましたが、傍線部内容説明問題では、とくに傍線部の表現をそのまま使わないようにしましょう（**〈……という○○〉**などと、**本文に即して説明して使うならOK**）。

梅POINT **内容説明問題では傍線部をポイントになる部分（語句）ごとに分けるべし。**

ついでに、傍線部内容説明問題の解答に書く要素を示しておきます。

内容説明問題の解答要素（＝ポイント）

No.１　傍線部のイイカエ・説明

No.２　傍線部のことがらが生じる前提＝必要な条件。論理的に補足すべきこと

No.１・No.２は優先順位です。**No.２**は**No.１**を書いたけど字数にまだ余裕があり、なおかつ問題文にその要素がきちんと書いてあるときに書けばよいです。また**No.２**の「論理的に補足すべきこと」というのは、たとえば、傍線部の前半と後半を分けて、**イイカエ・説明**をしてみたけど、このままだと、前半と後半に飛躍・ギャップがあると感じ、それをつなぐ内容を入れてあげる、というようなことです。でもこれはハイレベルな論理に対する感覚がないと書けないので、こうしたことに気づくようになったら大したもんだ、ぐらいに考えておいてください。よく書くことがなくなると、傍線部前後のこととか、**対比**を意識して、「〜ではなく」とか書いてしまいますが、たいてい点数はもらえない……。書くなら右のことを思い出してください。そして**文章が違っても、内容説明問題なら、同じ要素になることを書いてください**。では問題に入ります。

この文章では「〈書物〉とはいったい何だろうか」という問題提起がされ、それに対する一つの答えとして、「〈書物〉」を「観念の〈人間〉とみなす」と書かれています。ですから、設問は問題文のテーマ自体に関するものですが、まずこの「〈書物〉」＝「観念の〈人間〉」ということを頭に入れておいてください。つ

まり「観念の〈人間〉」って「〈書物〉」のことだから、「〈書物〉」のことを説明する問題でもあるんだ、と考えること。これが傍線部の意味をつかむ、ということです。それができたら、さっきいったように、傍線部を、「観念」と「〈人間〉」に分けましょう。

ここで語彙力が必要になります。「観念」とは一体どういう意味か？　これは〈頭のなかにある考えやイメージのこと〉ですね。頭のなかだけだから非現実的なものです。だから反対語は〈現実〉。すると〈書物〉が観念だということですから、それは現実的なものではないということです。

そこでつぎに、〈書物〉が頭のなかにだけあるとか、現実的ではない、ということと**つながる**内容がないかを、問題文に探してみましょう。すると「**〈書物〉には肉体や性癖や生々しい触感がなく**」（*L* **17　a**）と書かれています。現実の人間には肉体があるし、変なクセもある。とするとこれはやはり非現実的ですね。そしてこれは「〈書物〉」のことだし、「観念」の部分の**イイカエ**になるでしょう。ここをまず押さえられたらナイス。かなり傍線部と離れているから見つけられたらエライッ！

では「〈書物〉」が「〈人間〉」だとはどういうことでしょう。そこで、「〈書物〉」と「〈人間〉」が結びつけられている箇所はないか。問題文に探しましょう。「つながり」をつくるのです。すると「**〈書物〉は……〈親〉や〈兄弟〉や〈教師〉の代理物としてあらわれる**」（*L* **14　b**）って書いてある。つまり「親」とかの代わりに登場するから、「〈書物〉」は「〈人間〉」なんです。若い頃は、親や教師に反抗して、〈つまらないこといってる〉とか、〈毎日同じことというなよ〉なんてふうに考える。今だとスマホとかあるかもしれないけれど、昔はそういうとき本のなかに逃げて、「親」とかより、「〈書物〉」にこそ何か大事なことや面白いことが書いてあると思ったんです、昔は。

bも「〈書物〉」のことだし、「〈人間〉」の**イイカエ・説明**になるから、解答に入れるべきです。傍線部の「人間」に山カギカッコがついているのは、〈書物〉だから、本当の生身の人間じゃないという意味を示しているんだと考えていいでしょう。

じゃどういう点で「〈書物〉」は「〈人間〉」として、「親」とかの「代理」になるのか？　小さい頃には僕らは「親とか……教師から知識や判断力」（L4）などをゲットしました。与えてもらったでしょ？　でもこの「観念の〈人間〉」＝〈書物〉は現実の親や教師より「格段に優れた」（L19）親や教師に思えてくると書かれています。すると「〈書物〉」は現実の「親」とかよりも、もっとすごい**「知識や判断力」を与えてくれる**（**c**）ものだと考えられているということでしょう。「知識」を与えるのは、ふつうに考えても「〈書物〉」の性質だし、親の「代理」なのだから、同じことをするはず。だからこの**c**も解答に入れれば、「〈書物〉」の性質と、「観念」的で「親」の代わりとしての「〈人間〉」になるということも、両方説明できるでしょう。

これらをまとめれば解答になります。「書物」という主語はなくてもいいけど、あったほうが解答としてのまとまりはつくれます。

解答例 書物は、肉体や性癖や生々しい触感がないが、親兄弟や教師の代理物として、優れた知識や判断力を授けてくれる存在だということ。（60字）

採点のポイント 計10点

（「観念の」の説明）

a 書物は肉体や性癖や生々しい触感がない……4点

△「肉体」「性癖」「生々しい（触感）」は一つ欠けると1点ずつ減点。3つともないものはa0点。

△「肉体をもたない」のみは2点減。

＊「生々しい人間的な要素がない」などと抽象化しても可。

（「〈人間〉」の説明）

b 書物は親兄弟や教師の代理物として……3点

＊「親兄弟」か「教師」のどちらかあればよい。

c （優れた）知識や判断力を授けてくれる……3点 ムズ

△「知識」「判断力」のいずれかが欠けているものは１点減。両方ともないものは不可。

生徒の解答と採点例

肉体、性癖、生々しい触感をもたない、親や兄弟や教師の代理物で、何もかもが苛立たしい時期に自分を遠くから見守ってくれる人。

a…4点

b…3点

7点

また**イイカエ**に関連してつぎのことも覚えておいてください。

梅 POINT

接続語ナシにつながっている文同士はイイカエ・説明の関係になることが多いと心得よ。

接続語は文章のなかの接着剤です。接着剤は切れたり折れたりしたときに使いますね。文章のなかでも文と文とがうまくつながっていないときには、接続語や指示語を使います。でも文章のプロが接続語を使わないということは、その文と文とが何もなくてもつながると判断したからです。つまり前の文と後の文は同じようなことをいっているのでスムーズにつながっていると考えたということです。だから右の梅POINTのようにいえるのです。これは文章を読むテクニックではなく、文章の書き手の意識を考えたところから生まれるルールです。このことは傍線部の前後の文脈を見るときや、問題文に少しわからない内容があったりしたときに、頭の引き出しに入れておくと結構使えると思うので忘れないでください。

3 イイカエ（同義）の変形バージョンとしての比喩説明問題

例題3 つぎの文は、作者が自分の小学校時代を回想した小説の一節である。これを読んであとの問いに答えなさい。

学校へあがった私にぼやぼやっとした幾日がたった。そこへ最初の大事件が起こった。ある日最後の時間をすませ鞄《かばん》をかけて門まで出たら、ぱらぱらと雨がおちてきた。雨というほどではなし、大抵《たいてい》家が近いので仲間の者どもは平気で帰ってゆく。なかには雨だ、雨だ、と仰山《ぎょうさん》に騒ぎたてて韋駄天《いだてん》走りをしてゆく奴もある。ところがかねがね、急に雨がふってきたら濡《ぬ》れて帰らずに学校で待ってるように、おばさんがきっと迎いにゆくから、と懇々《こんこん》いいきかされてた私は——伯母さんはこの弱い子を一粒の雨にもあてまいとしたらしい——足どめにかかったみたいに立ち竦《すく》んでしまった。お友達はみんな帰った。上級の生徒も私なぞには目もくれずぞろぞろ帰っていった。姉たちのほうは先にひけたとみえて姿が見えない。一足遅れて先生も平気で帰ってゆく。平気でないのは私だけだ。学校がしんかんとしてきた。だのに伯母さんは待てどくらせど迎いにきてくれない。で、もうかもうかと坂の上のほうを見ながら途方にくれてるところを、小使のおかみさんが見つけた。門でもしめにきたのだったか。家の近いことは知ってるから、早く帰るようにすすめたにちがいない。が、私は伯母さんのいいつけを守っていっかな動かない。かまわず帰ればとうの昔家にいるじぶんだのに、表に立ってるもので、いくらばら雨でも濡れてくる。それよりも<u>私のほうがやがて大雨になりそうな模様だ</u>。

（中勘助《なかかんすけ》「こまの歌」／『中勘助全集第一巻』〈岩波書店〉所収による　京都大学出題・改）

問 傍線部について、このときの「私」の気持ちを五〇字以内で説明しなさい。

問題文の要旨 学校に上がったばかりの私が下校しようとしたとき、ぱらぱらと雨が降ってきた。病弱な私を心配して、雨が降ってきたときは、迎えに行くから必ず学校で待っているように、といっていた伯母の言いつけを守って私は学校にいたが、その伯母が一向に現れない。表に立っている私はだんだんと濡れてきて、心細さに泣きそうになってきてしまった。

・具体（例）と抽象（まとめ）

A（例） ＝ A´（まとめ）	A（例）…父は今日も残業だ ＝ A´（まとめ）…日本人は勤勉だ

イイカエの〈つながり〉の変形バージョン。具体例（A）の部分に傍線を引き、Aを抽象化させたり、イコール関係にあるまとめ（A´）の部分の内容を答えさせたりする設問がつくられる。

右のように、「具体例」や「引用」はその前後とかにある〈まとめ＝抽象〉とイコールになります。**比喩**は具体的なもの同士であることが多いですが、**比喩**もあるものとイコールになるので、**イイカエ・説明問題＝傍線部内容説明問題の変形バージョンです**。たとえば〈君は花のようだ〉、なんてダリイ比喩でも、君と花がイコールになっています。そしてイコールになれるのは、共通点があるからです。ここでは「君＝〈美しい〉＝花」というように、美が共通点です。ただしこの共通点がわかりにくいときがあり、それを推測して説明しなさい、というのが**比喩**の説明問題です。

この設問では、「私」＝「大雨」というイコール関係です。その意味は傍線部だけを見ていてもわかりません。でも「**記述問題の基本**」にあったように、「文脈」を見て、傍線部の意味を読み取るんでしたね。いつも同じように解くんですよ。

すると「私」は雨に降られてビショビショ、迎えに来るといった伯母も来てくれない。まだ学校に行きはじめたばかりの子どもだし、心細いよね。そうした「私」が「(大)雨」と共通点をもつとしたらどんなことか？ みんなも小さいとき、迷子になっちゃって、心細くて泣いたりしたことがあるでしょ？ そう、ここは心細い「私」＝〈涙／泣く〉＝「雨」というつながりが成り立ちます。こういう「気持ち」の説明問題は、〈**c 不安／心細い**〉とか心情を表す語句を解答に入れることが大事。そしてそういう心情が生まれる条件やことがら、〈**a 急な雨**〉や〈**b 伯母が迎えに来ない**〉も解答に入れたほうがいいです。**比喩説明は傍線部内容説明問題の変形バージョン**だから、書く要素も同じ。**傍線部内容説明問題のNo.2の要素、〈傍線部のことがらが生じる前提＝必要な条件**〉として、**a・b**も入れましょう。雨で濡れていることは、傍線部直前で「雨でも濡れてくる。それよりも」とあるので、傍線部とは違うレベルのこととして書いている。解答に書いてもいいけど、ポイントにはなりません。

右に書いたように、**比喩**を説明するということは、その**比喩**が、何を喩《たと》えているのか、何とイコールなのかを説明することだから、〈**d 「雨」＝涙／泣く**〉という説明は、解答に絶対入れないといけません。

それと**比喩**説明の問題の解答の書きかたですが、「大雨は○○のことで」とか、傍線部の「比喩」を解答に入れて説明するのはよくありません。**p.33**にも書きましたが、傍線部内容説明問題では、傍線部の表現はできるだけ使わない。**比喩**説明問題は、傍線部内容説明問題の仲間だから、やっぱり傍線部の表現はそのまま解答には使わず、傍線部を上から下へなぞるようにする。そしてこの設問は、「気持ち」につながる**c**か**d**を最後にもってくると設問の問いかけと対応します。ここは、解答の「**構成力**」の見せどころ、です。つまり、

梅 POINT
比喩説明問題では、問題文の表現がそのまま使えず、自分の言葉でイイカエていかなければならないことが多いと心得よ。

だからなおさら難しい。でも、**構成力**と**語彙力**を身につける努力をしましょう!

解答例
急に降り出した雨の中で、迎えに来る約束をした伯母も現れず、不安で心細く今にも泣きだしたくなる気持ち。（50字）

採点のポイント 計10点

a 急に雨が降ってきた……**2点**

b　迎えに来ると約束した伯母が現れない……**2点**

c　不安である／心細い……**3点**

○「心配」「動揺」やそれらと同じ意味を表す語句があればよい。

d　涙が出そうな／今にも泣きだしたくなる（気持ち）……**3点**　ムズ

＊「体が弱い」ということは、このときそのことを気にしていたとはいえないので、ポイントとはしない。

生徒の解答と採点例

学校からの帰りぎわに、ひどく雨に濡れてしまうほど、雨が降ってきた空模様を私が不安がる気持ち。

a…2点

c…3点

5点

4 因果関係と理由説明問題

例題4 つぎの文章を読んで、あとの問いに答えなさい（設問の都合上、一部省略した）。

原爆写真は見せ物ではない。そこに映し出された惨状を見て恐怖すること、それはすなわち原爆という悪魔的発明に恐怖することである。そしてそこから平和を願う心を起こして欲しい。誰もがそう考えてそれを展示しているのだし、そのために見学にも行くのである。もちろん小学生の私だって、それぐらいの理屈は了解していた。

けれど、それはあくまでも言葉の世界での理解である。その写真は私に、言葉の世界の枠組みなどにはとても留まりきらない、刺激と衝撃を与えたのだ。だからそのケタ違いの恐怖心から、戦争反対や原爆反対という理性的な気持ちを引き出すためには、その恐怖を乗り越えてもう一度言葉の世界に舞い戻り、言葉の世界の中でその映像を捕らえ直さなければならなかった。だがそれは小学生には手に余る大仕事であった。

周りの大人の顔色を見て、戦争反対と唱える知恵ぐらいは持っていても、それを本当に自分の言葉として語るためには、その後、多くの詩や小説、思想や哲学に触れ、私の持つ言葉の世界を強固にする必要があった。けれどそれでも今なお、その一枚の写真のイメージが時として言葉の領域を離れ、潜在的な悪夢のように私の中に立ち現れる。どうやら左脳の力が立ち入れない右脳の奥深くにまで、その恐怖の傷跡が残っているらしい。

昨今問題となっている、映像作品における暴力や残酷描写の問題も、この現象と同じだ。私は、映像作品が子どもに与える影響は重大だと思っている。それは子どものみならず、大人にとっても軽視できぬものだ。その一方で、ストーリー自体はたいした問題ではないと考えている。なぜならストーリーは言葉の産物だから。

どんなに残酷な物語でも救いのない悪魔的なストーリーでも、言葉の世界にあるうちは、受け入れるにせよ拒否するにせよ、人は無意識ではいられない。言葉は、意識を目覚めさせて同じ言葉で考えなくては扱うことができないものだ。つまりは論理のやりとりである。それが論理である以上、たとえば殺人は快楽だという思想がその影響下に立ち現れたとしても、私たちはそれに対して論理的に対処し、説得したり、その思想を否定したりすることができる。

そもそも言葉で考える時には、私たちの頭の中にはいつも善と悪が混在している。神のことを考えれば、その一方で悪魔を考えざるを得ないし、悪を語れば同時に善も見えてくる。だから、絶望だけを語る物語が人に感動を与えるということもある。人はその絶望の中に希望を読みとるのである。言葉で紡がれる物語には、そういう力がある。

しかし映像は違う。映像は論理ではなく感覚だ。それは言葉を越えて私たちの無意識に入り込んでくる。原爆記念館の一枚の写真が、私の脳に論理や意味を越えた衝撃を与えたように、物語の内容に関係なく、一つのシーンがそれを見る人の脳に強烈な残像や傷痕《きずあと》を残すということがあり得るのだ。

〔横内謙介《よこうちけんすけ》「映像に負けない言葉」／『春秋』（春秋社）２００１年２・３月号所収による　北海道大学出題・改〕

問　傍線部「私は、映像作品が子どもに与える影響は重大だと思っている」とあるが、筆者がそう思うのはなぜか。四〇字以内で説明しなさい。

問題文の要旨　いくら残酷な物語でも、言葉は論理的に対処したりすることができるのに対し、映像は、感覚として見る人の無意識に入り込み、強烈な残像や傷痕を残すことがあり得る。

・因果関係

A（結果）←B（理由・原因）

A（結果）…科学の発展 ← B（原因）…産業革命

論理〈つながり〉のメイン。問題提起をした文章や「どうしてか」ということを追究した文章では、結果や事象（**A**）に傍線を引き、その**理由**（**B**）を問うという設問などがつくられる。理由説明問題がある場合は、展開のある文章であることが多く、視野を大きくもち、論理的に整理していくことが求められる。

理由って何？　って聞かれるとなかなか難しいですが、たとえば「3は奇数だ」、なぜ？　と聞かれたら、〈3は2で割りきれないから〉と答えて正解。このとき、**理由**となっている〈2で割りきれない〉は「3」の性質です。そして「3」は主語（S）でもあります。ここから、

梅 POINT　理由とは主語（S）のもつ性質や性格のなかに探るべし。

という原則が導かれます。ただしここでいう〈主語〉は、形の上で主語になっているものだけではなく、傍線部の内容を変えずに、主語になれるものも含みます。たとえば「AはBに負けた」の主語はAですが、「BはAに勝った」とすればBが主語になりますから、Bの性質なども考えなければなりません。

そして「2で割りきれない」という**理由**は〈奇数〉の定義でもあります。「奇数」は文のなかの述語（V）です。すると、

梅 POINT　理由とは、傍線部の述部（や問いかけ）に関連したものであると心得よ。

ということになります。またこのことから、記述の解答では、

梅POINT　解答の末尾には傍線部の述部（あるいは問いかけ）に近い内容（ほぼイイカエ）が来るように書くべし。

ということになります。なぜならみんなの解答は**理由・原因**を書いたものであり、傍線部（の述部）が**結果**だからです。つまり解答（＝**理由**）と傍線部（の述部）は**因果関係**をつくるのです。**因果関係**は強い結びつきをもつ関係ですから、二つがつながるようにしてあげるべきなのです。次に理由説明の解答に書くべき要素を書いておきます。

> **理由説明問題の解答要素（＝ポイント）**
>
> **No.1**　（当たり前だけど）傍線部の理由となること
>
> **No.2**　傍線部の述部（や問いかけ）のほぼイイカエ（解答末尾に書く）

No.1・**No.2**は内容説明問題と一緒で、優先順位です。また**No.2**は右の梅POINTでいったことです。「ほぼ」がついているように、まったく同じことはただ傍線部を繰り返すだけになるから、ダメです。

では、問題を見ていきましょう。傍線部は筆者自身が原爆写真を見たとき以来、今も続く体験の延長線上に発せられた言葉です。なぜそういえるかというと、傍線部直前に「映像作品における暴力や残酷描写の問題も、この現象（＝筆者の原爆写真体験）と同じだ」と述べているからです。

そのことをふまえて傍線部を見てみましょう。先ほどの手順でいうと、傍線部の主語に当たるものの性質を考えるのでした。この傍線部の文には、二つの主語、「私」と「映像作品」があります。

この傍線部は先にもいったように、筆者の、原爆記念館での体験にもとづいた一文です。だからこの「私」という主語は〈原爆写真を見るという経験をした私〉です。ではそのときからの「私」はどのように書かれていますか？　筆者は原爆写真を見て以来、「私の中に」「今なお」「恐怖の傷跡が残っている」（**a** L12）と述べています。原爆写真を見て以来何年経ったのかはわかりませんが、「今なお」残る後遺症のような恐ろしさがあるから、「私」は「映像作品が子どもに与える影響は重大だと思っている」と述べている、と考えられます。**a**は、傍線部の**理由**といえるし、傍線部の述語にもつながる内容なので、解答に入れるべきです。

次に二つ目の主語の「映像作品」の性質ですが、「写真は私に、言葉の世界の枠組みなどにはとても留まりきらない、刺激と衝撃を与えた」（L5）、「一枚の写真のイメージが時として言葉の領域を離れ、潜在的な悪夢のように私の中に立ち現れる」（L12）、「一つのシーンがそれを見る人の脳に強烈な残像や傷痕《きずあと》を残す」（L30）などと書かれています。これらも、「子どもに与える影響は重大だと思っている」という述部につながりますから、**理由**となります。ですが「潜在的な悪夢のように〈私の中に〉立ち現れる」や「強烈な残像や傷痕《きずあと》を残す」というのは、「私の中に」「恐怖の傷跡が残っている」(L13)ことと同じです。ですから、同内容の繰り返しや比喩的な表現は避けて、〈**a**　**消せない衝撃を与えた／消えない残像をもたらした**〉などと書けばよいでしょう。どの**a**を使うかは、「私」を主語として書くか、「映像」を主語として書くか、で決まります。

ただどちらにしても、「**言葉の世界の枠組みなどにはとても留まりきらない**」(**b**)などの要素は、省略しないほうがよいです。筆者が第5・6段落で述べているように、言葉がきちんと機能すれば、映像の力は制御できるのです。制御できるなら「重大」だと考える必要はなくなります。それができないから「重大」なのです。だとすれば〈言葉では制御できない〉というbも、傍線部の**理由**となることがわかるでしょう。**b**は「それ(＝映像)は言葉を越えて私たちの無意識に入り込んでくる」(L28)を使ってもよいです。

そしてその直前にある「**映像は(論理ではなく)感覚だ**」(**c**)ということも「映像」の性格であり、「感覚」だから「言葉を越えて私たちの無意識に入り込んでくる」というつながりですから、**b**につながることがらです。だから**理由**の一部となりえます。この設問は字数的に厳しいと思った人もいるかもしれませんが、記述問題では、

梅 POINT 修飾句など余分な語句を省き、内容の繰り返しを避け、可能な限りたくさんの要素を入れるべし。

解答例 映像は言葉の領域を越え出る感覚的なものであり、消せない衝撃を心に残しうるから。（39字）

採点のポイント 計10点

a 映像は心に消去できない傷跡を残す……**4点**

○「強烈な残像や傷跡（衝撃）を残す」も可。

△「消去できない」「強烈」「いつまでも」などという意味が表現されていないものは2点減。

△たんに「恐怖の傷跡（を残す）」「悪夢（のようだ）」などは、右の△により2点減。

b 映像は言葉の領域を越えていく……**3点**

＊言葉に関連する、「言葉、論理、意味と違う」という内容があればよい。

○「論理や意味を越える」も可。

c 映像は感覚である……**3点** ムズ
＊文末が「から」など理由を表す形になっていないものは1点減。これはすべての理由説明問題に適用。

生徒の解答と採点例

映像は言葉と違い感覚的で、いつまでも恐怖の痕跡が脳の中に残ってしまうから。

b…3点　c…3点　a…4点

10点

ここまでが〈**地固め編**〉です。ここで身につけた、**読みかた、書きかたは、貫いてください。どんな文章であっても同じように読むし、同じ種類の設問なら同じように解き、同じ要素を書く**のです。「この文章、わからない!?」なんて思っても、あわてずに〈**地固め編**〉のルールにもどり、冷静に解答を書きましょう。たしかによくわからない問題文もあるでしょう、でも現代文の設問の種類は、今まで見た、ほぼ四つです。そのことを忘れずに、「あの問題はこうやって解いて、こういうことを書くんだったな」と思い出してください。恐れることはありません。調子が悪くなったときは、いつでも〈**地固め編**〉に帰ってくればいいのです。だから、いざ〈**実戦編**〉へ。

実戦編

少しずつ
難しくなるけど
がんばろう！

絞り込まれた
設問を通して
読解と解法のパターンを
身につけよう

構造と論理をつかむ問題

別冊（問題） p.2

解答例

一般に学者の変説改論は無節操だとされるが、偉大な学者は全生涯を通し学者としての進歩につれて大きな思想的転回を行う。本来変説改論とは、真の学者が読書と思索を重ね、自説と批判的に向き合い闘争することによって、自らの思想をより高い次元に発展させた合理的な達成なのである。凡庸な学者も、ものをいい、また書くことによって自分の思考を外物化し、それを批判する努力をした方がより容易に思想を発展させることができる。

30点

合格点 18点

/30点

問題文ナビ

読解のポイント

・学者の変説改論が合理的に感じられる（結果）
　→
・一つのテーゼがアンチテーゼを生み出し、両者が闘争しジンテーゼが生まれるというプロセスを、深い思索によって行っているから（**理由・原因**）

さあ、ここからが〈**実戦編**〉。気合いを入れ直していきましょう。最初の問題は〈要約問題〉ですが、要約では〈**地固め編**〉で強調した文章の構造（**対比**など）と論理（＝つながり）を読み取ることが大切です。

だから〈**地固め編**〉のまとめであり、〈**実戦編**〉のスタートでもあるのです。なので〈要約問題〉だからといって、すぐに答えを書き出すのではなく、まず問題文の内容、そして構造と論理をたどりましょう。

問題文は、（中略）の前の ***L*** **13**までで「学者の変説改論」についての印象を記し、***L*** **15**からは学者の変説改論がなぜ生じるかという分析を行っています。そして ***L*** **23**からは、偉大な学者ではなく、「われわれ」にも同様の「変説改論」のきっかけがあることを述べているので、問題文を三つに分けて見ていきましょう。

Ⅰ　学者の変説改論（冒頭〜*L* 13）

「変説改論」とは、学者が自らの学説を変えたり改めたりすることです。説を変えると、「なんだ、前のは間違いだったのか」と思われ、批判されることが多いですが、筆者はそうは思わない、というのです。ここには**一般論と筆者の考えの対比**があります。さっそく〈構造〉が出てきましたね。そして筆者はつぎのように、学者の変説を区分けします。

○偉大な学者の「変説」
　…「合理性（＝理屈に合っていること）」を感じるもの
　⇔
×不愉快な学者の変説
　…確固たる信念をもたず周囲に合わせて自説を変え

るもの

Ⅱ　偉大な学者に変説改論が生じる理由（L15〜L22）

ではなぜ変説改論が生じるのでしょうか？　ここで「弁証法」について説明しておきます。

テーマ〈弁証法〉

弁証法という言葉は、古代ギリシアでは他人との議論の技術、または事物の対立という意味で使われていましたが、現代では一般に用いられるときには、ヘーゲルやマルクスの弁証法を意味します。それは世界や事物の発展の法則とされていますが、まず「テーゼ」といわれるものが示されます。これは、命題・定立（物事を肯定的に主張すること）、と訳されます。あるいは「正」と呼びます。別に正しい、というわけではなく、まず先に提示されたことがらと考えてください。たとえばあるAという意見、でもいいです。これに対して、Aを否定するあるいはAと矛盾する、反対の命題B〈アンチテーゼ＝「反」〉が示されます。二つは互いに対立し合いますが、最後には二つがいい意味で妥協し合い、統合（「止揚」・「揚棄」ともいいます）され、〈ジンテーゼ＝「合」〉という統合命題が成立します。ヘーゲルは歴史もこのようなプロセスを経て進歩・発展していくと考えました。

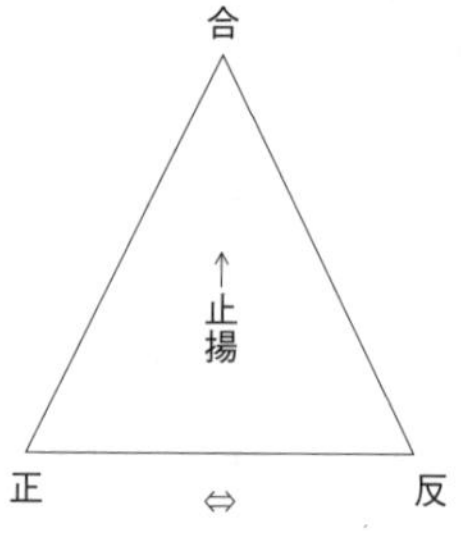

筆者はこの弁証法の仕組みを学問の進化・発展に重ね合わせています。

人間の心のなかには「テーゼとアンチテーゼとの闘争」（L15）があります。この闘争による動揺は、その学者の「読書と思索」の努力が大きければ大きいほど、大きく現れます。「イェーリングとウィントシャイト」のように、それが他者との「論争」という形を取ることもあるでしょう。そして「ジンテーゼ」が生まれたとき、そこには自説の変容＝「変説改論」（L1）、が生じます。「交互的転回」（L21）も同様のことです。でもそうして成立した「ジンテーゼ」もまた、新しい「テーゼ」として新しい「アンチテーゼ」と対立する。そういう果てしのないサイクルのなかで学者は進歩していくというのです。そしてここには、つぎのような因果関係があることも確認しておきましょう。

読書と思索（L20）（原**因**1）
↓
テーゼとアンチテーゼの闘争（L23）（原**因**2）
↓
変説・転回（結**果**）

Ⅲ 普通の学者における変説改論（*L*23〜ラスト）

ですが、こうした「テーゼとアンチテーゼとの闘争」は偉大な学者だけではなく、「われわれ」普通の学者にもあると筆者はいいます。何かを書いたり、話しているとき、突如「アンチテーゼ（＝正反対な考え）」（L27）が浮かぶこともある。そうした「心理的闘争（＝心の内なる闘い）」（L32）をみな経験している、というのです。

ただし「普通の学者」は「現在思っていることを言葉なり文章なりに」し（「固定」し）、それを「テーゼ」として「アンチテーゼ」と闘わせたほうが、容易に進歩できる、と筆者は述べています。言語化するとそれを客観的に見ることができ、「アンチテーゼ」との相互批判が容易になるということです。

最終段落に登場する筆者の知り合いは、自分の思考を書かない人の例です。なので学者としての「進歩」を遅らせる可能性がある人です。そしてそうした人が、自分の思考に関して自分だけの満足に浸る「自己陶酔」に陥ってしまうことを、筆者は心配しているのです。この最後の部分は、筆者の知り合い（＝具体例）を挙げ、言語化すべきだ（＝抽象）、という先に述べたことを繰り返しています。よって**具体と抽象・イイカエ**の構造だと思えたら、ナイスです。

ひとこと要約

思考の発展は自説の変化を伴う弁証法的発展である。

200字要約

→**解答例参照**

設問ナビ

採点のポイント　計30点

a　一般に学者の変説改論は無節操だとされる　……3点

＊「自説を固持する学者は不愉快」、「確固たる信念をもたない学者の変説は不愉快」なども可。

b　偉大な学者は全生涯を通し学者としての進歩につれて大きな思想的転回／変説改論を行う　……5点

c　（本来）変説改論では、（真の）学者が読書と思索を重ねる　……4点

d　自説と批判的に向き合い闘争する　……4点

＊たんに「テーゼとアンチテーゼとの闘争」は2点。

e　自らの思想をより高い次元に発展させる　……4点

＊eはc・dがともに0点の場合は不可。

＊「ジンテーゼ」の説明がなく、たんに「ジンテーゼに発展させる」は2点。

f　合理的な達成なのである　……5点

＊「不自然さを感じさせない」も可。

＊たんに「思想的進歩は弁証法的発展による」はe・fあわせて4点。

g　ムズ　凡庸な学者も、ものをいい、また書くことによって自分の思考を外物化し、それを批判する努力をした方がより容易に思想を発展させることができる　……5点

＊〈「われわれ」／普通の（凡庸な）学者は（自分の）思考を言語化した方がよい〉という内容が必須。

＊「ものをいう／書くこと／言葉（文章）に体現する」は「言語化」と見なす。どれもないものは不可。

＊たんに「思考／自分を外物化すべきだ」「テーゼを固定させた方がよい」は2点。

＊「彼みずからを外物化する」は不可。

まず〈要約〉とは、筆者がいおうとしていることを問題の構造を意識しつつ、論理的にまとめていくことです。つぎにその〈仕方〉を示します。

要約の仕方

1　どういう内容が中心になるかを考える

2　**文章の構造や仕組みをつかむ**

3　1・2をふまえ、内容的なまとまり＝意味のブロックのなかでメインの内容を含む文を見つける

4 2を解答に反映させながら、3をまとめる
5 不必要な修飾表現などをカットし、**接続語などによってつなげる**
＊ 接続関係は的確に。接続語・指示語だけではなく、字数に余裕があれば文章中の文もスムーズな接続関係をつくるために使う。

1と2では、問題文を読んでいるときには、1のほうが優先されるかもしれません。でも2もいっしょに意識できるようになりましょう。
では1と2を意識しながら、問題文を見ていきます。
まず、

a **〈学者の変説改論は無節操を意味する〉**
⇔
b **〈偉大な学者は大きな思想的転回を行っていて〉、〈f 合理性が見られる〉**

ここまでが **問題文ナビ** のⅠに当たる部分で、一つ目の意味のブロックです。「(中略)」とあるので、わかりやすいですね。Ⅱには偉大な学者の思想的進歩は、〈c **深い思索を重ね**〉〈d **自説（テーゼ）と批判的に向き合い闘争させ**〉ことで達成されると書かれています。〈e **自らの思想をより高い次元に発展させる**〉ことで達成されると書かれています。これは「弁証法的発展」（L51）ですが、たんに「弁証法的発展」と書くだけでは説明不足です。

また **問題文ナビ** のⅢの部分では、筆者が自分自身に即して、どのように「弁証法的」に進歩するか、について書いています。「弁証法的発展」を遂げれば、自分の元の考えとは異なるものが生まれてきます。だから「弁証法的発展」は「変説改論」そのものです。すると筆者がどのように「弁証法的発展」を行うか、について書いてある部分は、「変説改論」について言及した部分だということになりますから、そこも解答に加えるべきです。とくに〈g **普通の学者は、自分の考えたテーゼをまず言語化して固定した方がいい**〉という内容は、p.6の「**現代文のお約束**」にも書きましたが、「**～ではなかろうか**」（L41）、「**～ではないか**」（L51）**という強調した文型**によって二回語られています。ここは見逃さず、解答に入れるべきです。

aはメインの内容ではありませんが、**要約は問題文全体を包括し、文章の構造を取りこんだものが評価されま**

す。**a**を解答に入れることは、問題文冒頭の一般論と筆者の意見の**対比**という構造を解答に含めることになるのでいいことだ（先の**2**参照）、と判断しましょう。

自己採点の仕方

1 この問題集に載っている「**採点のポイント**」に則って、忠実に行おう。

2 「**採点のポイント**」に載っているポイント（要素）は、一字一句そのままでなければ点数にならないわけではありません。自分の解答が同じ内容だと判断できる場合はそのポイント分の点数を加点してください。

3 自分の解答が、ポイントになるかどうかの判断がつかないときも、よく考えて、○・△・×を必ずつけよう。

4 採点するときには、ただ合計点を出すのではなく、自分の解答のどこがポイントに当たるのか、わかるように、つぎの例を参考にして採点しよう。

生徒の解答と採点例

偉大な学者の遺作を年代順に読んでゆくと、しばしば変説改論が行われているのに、非難すべきものを感じない。一貫した合理性が感じられる。人間の思想的進歩はテーゼとアンチテーゼとの闘争であ

○b：5点

△a：1点（aのニュアンスを一部認める）

○f：5点

「そして」などの接続語でつながり、論理を作るべし（−2点）

△d：2点

右に同じ。「また」など入れる（−2点）

り、偉大な学者は自分の思想をジンテーゼに発展させる。われわれも同じ闘争で満たされているが、現在思っていることを言葉に体現して外物に固定してアンチテーゼと闘争せしめ、その闘争を克服しようとすることが学者を進歩させる。

△e…2点

○g…5点

（右の部分があるので減点ナシ）

16点

2 評論

『現代思想講義——人間の終焉と近未来社会のゆくえ』

三重大学（改）

別冊（問題） p.8

解答例

問一

a	b	c	d	e
介護	払拭	服用	確執	帰結

2点×5

問二

AIには、

5点

問三

未来とは現在よりよい状態であるはずの時点であり、それを期待し人間は不可能に挑戦し理想を志向するのだが、AIは過去のデータや判断を基に単なる現在の延長として未来を推測するだけだから。

15点

問四

AIは未来の消失に加担し得るもので、進歩や未来という意識が虚妄だと人々が知ってしまったポストモダンでこそ普及可能だから。

10点

合格点 27点

／40点

問題文ナビ

読解のポイント

〈主張〉ＡＩは未来を消失した人類を救ってくれない

→

〈根拠・**理由**〉未来とは現在よりよい状態になっている時点であり、それを期待して人は努力するが、ＡＩがもたらすのは、過去の出来事を前提にした予想でしかないから

「ポストモダン」の話題が出てくるところで、問題文を二つに分けて見ていきましょう。

Ⅰ　ＡＩができないこと（冒頭～L69）

科学技術のおかげで、人類を脅かす不安はなくなるという楽観的な見方がありました。だけど、現実の社会は「不安」ばかり。そして意外とＡＩも「人間の仕事が奪われる」（L11）とか評判が悪い。

でも、筆者は「もっと大きな問題がある」（L12）といいます。たとえば筆者が病気になり、ＡＩが割り出してくれた正しいアドバイスを、筆者が「そんなにがんばれない」と実行しようとせず、「（成り行きにまかせるという）愚行権《ぐこうけん》（＝愚かだと思われることを行う権利）」（L18）を用いようとしたら？　たぶんＡＩはふつうの人生のレールから外れようとする人にはうまくアドバイスができない。結局筆者がいいたいのは、ＡＩは、一人ひとりのことを考えてアドバイスしてくれる親身な「マザー」（L25）じゃないってことです。ＡＩは正しいとされた判断をデータとして蓄積し、判断の正しさの確率を上げていくだけで、正しくない判断には知らんぷりです。

ＡＩにとって人間は、データのなかにいる「統計的」な「存在」でしかないし、結局正しさを判断するのは人間でしかありえないのです。そもそも「正しさ」は人間にとっての正しさですから。

そしてＡＩが描く未来も、過去にあったことを基に判断し予測したものです。だからその未来は、新しいものではない。人間は今よりよくなる！　と思って違う世界が来ることを夢見て努力する。そのリクワク感が「未

来」という言葉にはある。でもＡＩの未来は「現在の延長」でしかない。ＡＩがしている、データを基にしての予測＝「外挿法《がいそうほう》」（L51）には、「いつもと違ったことをやってみる」（L53）という「未来」はない。

〈決まり切った「ルーティン」（L55）に基づく判断だけじゃ、どんどん面白くなくなるよ〉という「悲劇」を予感して、人は自分の判断を活性化＝「賦活《ふかつ》」（L56）させて違った判断を選ぶ。そういう今までと違うことと結びつく「未来」が、ＡＩによってなくなる、ＡＩは人間にワクワクした「未来」を与えることが「できない」と筆者はいっているのです。

Ⅱ　ポストモダンという時代（L70～ラスト）

ここで「近代（モダン）」について、先に説明します。「近代」のことは入試の現代文にもよく出てくるので、基本的なことがらとして覚えておいてください。

テーマ〈近代〉

近代という時代は、人間が世界の中心になる時代です。これを〈**人間中心主義**〉といいます。そして人間だけが神から理性をもらった。それを用いて世界の仕組みを探り、法則を見出《みいだ》そう！　という〈**合理主義**〉が広がり、科学が発達します。

また、理性は科学者だけがもてばいいのではない。人間一人ひとりが、理性的に行動する〈市民〉として生き、自分の世界を自分の手で作り上げていかなければならないという〈**個人主義**〉が人々の生きる指針になります。そうやって社会も個人も、今までと違う世界を目指した。「未来」に向かって変わっていくという〈進歩〉が夢や希望として語られ、それを他よりも先んじて実現したのが「西欧文明」でした。そして他の地域も、西欧に追いつけというスローガンのもと、科学やテクノロジーを中心に据えてひた走る。過去よりも現在、現在よりも未来がいい時代になっているはずだ、という〈**進歩主義**〉が近代を導くのです。

でも前進あるのみの「近代」は疲れます。

そして本当に、近代人は疲れてしまったのです。筆者はなぜ「ポストモダン（＝近代のつぎの時代）」になったのか？　という問いに対して、モダンという「『進歩する歴史』の時代を支えた人間の意識が摩耗《まもう》してしまった」（L76）からだと答えています。あるいは、歴史は進歩するというような意識が「虚《むな》しいと知ってしまった」

（L77）、「人間が歴史の主人公ではな」（L77）く、たとえば遺伝子が主人公だということを知ってしまったからだと。「モダンの神話（＝根拠のないものの見方・考えかた）が消え」、近代を支えた「西欧文明の価値が暴落し」（L78）てしまった時代、それが「ポストモダン」なのです。

たしかに「近代」に未来はあった。過去とは違うことができるという幻想を与える未来があった。それをつかもうとすることが「進歩」だった。でももう未来はない。「ポストモダン」＝近代の「つぎ」、には未来がない。だから近代の「つぎ」って実はもうないんです。ポストモダンという時代はただ近代が終わった、未来がなくなったよ、という意味でしかない。

ポストモダン＝未来がない。何かと似ていませんか？そうＡＩも過去の膨大なデータから正しいことを選んでくるだけで未来がない。すると、

・ポストモダン＝未来がない＝ＡＩ

という等式が成り立ちます。だからポストモダンは虚しい。近代のほうがよかったと思っても、近代も虚しくなったから「近代」の「つぎ」が来た。ですから、近代のマイナスイメージを忘れないかぎり、私たちが近代に戻ることはないでしょう。そうしたさまよえる時代のなかに私たちは生きているのです。

ひとこと要約

ＡＩは、人間に未来を与え人間を救うことはできない。

200字要約

われわれは様々な不安の中に生きている。そしてＡＩはその不安を解消しえない。ＡＩの示す未来は過去のデータや判断をもとに予想された単なる現在の延長でしかないからである。われわれは近代において、現在よりもよりよい状態を未来と呼び、そこに希望を託した。だがわれわれはそうした未来が虚妄だと知ってしまった。それゆえポストモダンの社会に未来はない。それは未来を示しえないＡＩが普及するにふさわしい社会なのである。

（200字）

要約のポイント

計30点

a　われわれは様々な不安の中に生きている……3点

b　AIはその不安を解消しえない……4点

＊「AIは人間の未来／個人の将来を考えない」も可。

c　AIの示す未来は過去のデータや判断をもとに予想されたものだ……3点

＊「過去の／既知の」に該当する語句がないものは不可。

「データ／判断／出来事」はどちらかあればよい。

d　AIの示す未来は単なる現在の延長である……3点

e　われわれは近代において、現在よりもよりよい状態を未来と呼んだ……4点

＊〈近代には未来があった〉という内容があればよい。

f　そこに希望を託した……3点

g　われわれはそうした未来が虚妄だと知ってしまった……3点

h　ポストモダンの社会に未来はない……3点

i　（ポストモダンは未来を示しえない）AIが普及するにふさわしい社会である……4点

設問ナビ

問二　抜き出し問題

記述問題は抜き出し問題の延長です。では抜き出し問題というのはどのように解くか？　これも〈**つなぐ**〉ということが大事になります。そして **p.15** の「**記述問題の基本**」にも書いたように、まず傍線部の意味をしっかりと考えてください。すべては傍線部の内容の分析から始まるのでした。傍線部①の「さきに挙げたような不安」という指示語めいた「さきに」という語句はどこを指していますか？

梅 POINT　傍線部やその前後にある指示語・接続語には注意すべし。

このことは、抜き出し問題でも記述問題でも大事ですよ。

ここでは、**「不安」という言葉のつながり**から、問題文の***L*1**に着目することができますね。そこには「老後」「失業」「体調」など、個人的なことがらが書かれて

います。すると「さきに挙げたような不安」というのは、こうした誰もが抱く個人的な「不安」のことを指しています。それを「AIは解消してくれそうにもない」というのが傍線部の内容です。そしてその**理由**を抜き出せというわけです。

　理由は主語の性質のなかにあるというのが、**記述問題における理由説明問題のルールでした。これは抜き出し問題でも同じです。**ですから傍線部の**理由**はAIの性質のなかにあります。つまり〈AIは「○○だから」↓個人的な不安を解消してくれない〉というような解答イメージをもって、○○に入る内容を考えればいいのです。*L***25**に「AIには、人類の未来や個人の将来を心配し、社会的諸条件と一人ひとりの意識を調停しようとする性質が原理的にない」というAIの性質が、書かれています。そして個人の将来を心配したりする性質がないというAIの性質が、傍線部の〈個人的な不安を解消してくれない〉という中身と対応しています。するとAIは〈個人の将来を心配したりしてくれない〉から個人的な不安を解消してくれそうにもない、というように、この箇所は主語であるAIの性質であり、なおかつ「解消してくれそうにもない」という述語にもつながる点で、記述問題の理由説明問題のルールともきちんと対応します。

　僕が記述問題は抜き出し問題の延長上にあると先にいったのは、このように抜き出し問題と記述問題が、同様のルールによって解けるからです。そしてもっと他にも理由になりうる箇所があったとすれば、それらをピックアップしてまとめる形になります。それが記述問題です。だから記述問題を恐れることなかれ！　なのです。そして抜き出し問題は、私大はもちろん、国公立の二次試験でも出題されることが多いので、しっかりルールを身につけましょう。

解答　**AIには、**（5字）

問三　**傍線部の理由説明問題**

採点のポイント　計15点

a　未来とは現在よりよい状態であるはずの時点である　……**3点**

＊〈未来がよりよいもの／ありえないこと／いつもと違ったこと／異例のこと、などと関連する〉という内容があ

ればよい。

＊「未来に向かい努力する」のみは2点減。

b ムズ それを期待し人間は不可能に挑戦し理想を志向する ……**3点**

＊〈不可能に挑戦〉、〈理想／夢／希望を志向〉という内容のどちらかがあればよい。

c ＡＩは過去の判断やデータを基にする ……**3点**

＊「過去の／既知の」に該当する語句がないものは不可。

＊後半は〈データ／判断／出来事〉という内容があれば可。

＊「外挿法」は不可。

d （ＡＩは）単なる現在の延長として ……**3点**

＊たんに「退屈」だ、などは2点減。

e ムズ （ＡＩは）未来を推測する（だけだ） ……**3点**

この設問も**理由説明問題ですから、傍線部の主語に着目すべき**ですね。この傍線部の主語は「未来」です。その前に、傍線部の意味を考えなくてはなりませんから、「そこ」という指示語が何を指しているのか、から考えましょう。この傍線部の前の「その判断」つまり〈ＡＩの判断〉ということを指しているでしょう。すると傍線部は「『未来』がＡＩの判断にはない」ということになります。

これで傍線部の解釈は終わったので、主語である「未来」の性質を考えましょう。ただし設問文に注意！「ここでの『未来』の意味を明らかにして」と書かれています。〈**地固め編**〉の「**記述問題の基本**」にも書きましたが、**設問文に書かれた条件は大切なポイント**です。ただこの設問では、傍線部の主語である「未来」の性質を書くことが、この設問文の条件を満たすことになりますから、設問文の条件がなくても解答に書くべきことですね。

では「未来」とはどういうものか？　これについては傍線部の直後に「未来とは、現在よりもよい状態になっているはずの、これから先のある時点のことである」と書かれています。それゆえ、人はそうした「未来」を見すえて、「あり得ないことに挑戦するとか、いつもと違ったことをやってみるという判断」をしたり、「異例のことをなそうとする判断」（L54）をしたりするのです。

これらを内容の重複を避けて、〈a　**未来とは現在よりよい状態であるはずの時点であり**〉、〈b　**（それに向かって）人間は不可能に挑戦する／理想を志向する**〉などとまとめるといいでしょう。**b**は「未来」を目指す人間のありかたを示しているので、〈人間にとっての〉「未来」の「意味」に当たるといえます。だからこれも解答に入れたほうがいいです。

そして〈**地固め編**〉**例題４**の理由説明問題のところでもいいましたが、**分析すべき主語は形式的な主語だけではなく、傍線部の内容を変えない形で主語になれるもの**があれば、その性質も考えるべきでした。傍線部では「そこ」が指している、〈AI（の判断）〉を主語にすることもできます。つまり〈AI（の判断）は未来と無関係だ〉というようなふうに。

ではAIの示す「未来」についてどう書かれているか、本文をたどってみましょう。すると傍線部のつぎの段落の最後に「AIの説く未来は、現在の延長でしかない」と書かれています。

梅 POINT　理由は「なんで？」とツッコミを入れてたどれるところまでたどるべし。

もちろん字数制限がありますから、あまり関係の薄いところまで書く必要はありませんが、たとえば君が「お腹すいた」とつぶやいたら、友だちが「なんで？」ってツッコミを入れてきたので、「朝ごはん食べてない」と答えたら、その友だちは結構しつこくて、「え、なんで朝ごはん食べてないの？」ってまた聞いてくる。こういうしつこい人は嫌われます。でも現代文の理由説明では「なんで？」というツッコミは大事です。この設問でも、なんでAIの説く未来は「現在の延長でしかない」のか？　というツッコミを入れてみてください。問題文を見てみると、それは〈AIは「過去に起こったことを未来に引き伸ばして予想する」（L51）だけだからだよ〉、ってことになります。つまり〈c　**過去に起こったことを基にして**〉〈e　**未来を予測する**〉→〈d　**現在の延長でしかない**＝今までと変わらないものでしかない〉→AIは未来と無関係だ、となります。すると**c・d・e**も傍線部の**理由**になることがわかります。

いつも〈**地固め編**〉に帰り、そこに**書かれたルールを意識**してください。**文章が変わっても、同じルールで解く**のでしたね。それもできるだけ少ないルールで効率的に。だから**現代文は数学と同じ**です。違う数値の問題が出ても、「あっ、これはあの公式で解く問題だっ！」て、気づければナイスなのです。

付け加えれば、実は、**a・b**は**人間の「未来」**、**c・d・e**は**AIの未来**、という**対比・相違点説明**にもなっていますね。そんなところにも気づき、解答を**対比**的に書こう、と思えた人はナイス。解答の構成が決まりますから、書くのが楽になります。

生徒の解答と採点例

b…3点

いつもとは異なった判断へと人を差し向ける夢や希望が未来だが、AIの作る未来ではただ暦が数を積み上げていくだけで、AIに判断を任せてしまうと、確かだが退屈な判断しか示されないから。

d…1点

4点

問四 **傍線部の理由説明問題**

採点のポイント 計10点

a ムズ AIは未来の消失に加担し得る ……3点

＊「AIは未来の消失から救ってくれない」なども可。

b ポストモダンでは進歩や未来という意識が虚妄であると人々が知ってしまった ……4点

＊「進歩／未来」のどちらかがあればよい。どちらもないものは不可。

＊「ポストモダンが進歩／未来と無縁である」「進歩を求める意識が虚しいと知った」などは可。たんに「モダンの神話が消えた」「近代が終わった」は説明不足で不可。

C （AIが）普及可能になる ……**3点**

＊「AIが普及し得る社会が到来した」も可。

この設問は傍線がありませんが、「ポストモダン」という語句が登場するのは最後の三つの段落ですから、そこに注目すればいいことはわかりますね。そしてこの問題も理由説明問題です。「AIが出現した理由を、『ポストモダン』という語を用いて」述べなさい、という問題は、〈なぜAIはポストモダンに出現したのか〉と言い換えることができますね。するとやはりまず主語であるAIの性質を調べる必要があります。

でもただやみくもに調べるより、また理由説明問題のルールにもどりましょう。**理由になるのは、主語の性質のなかで、述部と関係のあるもの**、でした。この設問では、わざわざ「ポストモダンという語を用いて」と指示しているし、「ポストモダンに出現した」という部分は述部になるので、主語であるAIと「ポストモダンに出現した」ということとの間には何かしらの関係があると考えられます。そこでAIと「ポストモダン」との関係について説明している部分を探してみると、「AIが普及し得る社会が到来したから、AIが出現した。すなわち、それがポストモダン社会である」（*L*71）という部分に着目できます。ここには「AIが出現した」という、設問文と同じ表現があるので、見つけるのは楽チンなはずです。

そしてここでいわれているのは、AIと「ポストモダン」とが親しい関係にあるということです。つまり**AIはポストモダン社会に「普及し得る」**（**C**）という性質をもつということです。

では、なぜAIは、「ポストモダン」の時代に「普及」できるのでしょうか？ *L***72**に「ポストモダンとは……近代が終わったということである。近代が終わったということは、『未来』がなくなったというそのことなのである」と書かれています。また*L***76**には「モダンという『進歩する歴史』の時代を支えた人間の意識が摩耗《まもう》してしまった」、「そのような意識が虚《むな》しいと知ってしまった」とあります。つまり「ポストモダン」は「進歩」がなくなった時代だといえます。「進歩」は「未来」に見出すものです。すると「ポストモダン」にも「未来」はない。

　そういえば、AIは**問三**でも確認したように、未来と無縁でした。「AIが人類を未来の消失から救ってくれそうもない」（*L* 62）とも書かれていました。

　すると**問題文ナビ**でもいったように、**AI＝未来と無関係**（a）**＝ポストモダン**という関係が成り立つことがわかります。ここから「AI」の性質（＝**理由**）がもう一つわかりました。「**AIが人類を未来の消失から救ってくれそうもない**」（a）ということです。

　そして**「ポストモダン」も（AIと同じく）未来がない**（b）。だからAIと相性がよく、「普及」できるのです。AIがポストモダンとどう関係しているかという説明であり、cの理由ともなるbも解答に書くべきです。つまり、**AIは未来の消失から人を救えないもの／未来と無関係なもの**（a）であり、**ポストモダンも未来を失くした社会だから**（b）、**AIが普及し得る／しやすい**（c）（＝居心地よく存在できる）社会だ、それゆえ「AIが出現した」ということです。

　実際に解答を書いてみると、上のように、「AI」と「ポストモダン」は結びつきますから、「『ポストモダン』という語を用いて」という設問の指示は、「ポストモダン」という語をただ使いなさい、といっているのではなく、AIのことと結びつけて説明しなさい、ということだったのだといえるでしょう。〈**解答例**〉で、cを「加担し得る」と書いたのは、AIを否定的にとらえている筆者の立場に立った表現です。AIをちょっと悪者っぽく書きました。そうした否定的なニュアンスはなくてもOKです。

　ただ、上のように、cが最後に来るように書いたほうが、「AIが出現した」という問いかけとスムーズにつながります。

3 評論

「すばらしい『まだら状』の新世界」

北海道大学（改）

別冊（問題） p.16

解答例

問一

イスラーム諸国間の対立や欧米世界内に見られる亀裂。

6点

問二

地理的連続性や一体性に囚われず、中央組織もない分散した主体が支配領域を広げる点。

10点

問三

イスラーム教の規範体系と、グローバル化による移動の自由の拡大と情報通信手段の普及との結合。

10点

問四

種々の主義主張による断裂が地理的な境界を持たず社会の内部に存在する状況の中で、個人も自由とともに強権も望むという分裂した心性を有する、揺らぎと変化に満ちた状態。

14点

ムズ 問三・問四

合格点 23点

/40点

3

問題文ナビ

読解のポイント

・現代の世界は固定した秩序を失い、分断と変化にさらされた不安定な世界である
→
・グローバル化による自由な移動と情報通信技術の普及もこうした世界を作った条件の一つだ

「『まだら状』とは何か?」という問題提起があるところで、問題文を二つに分けて見ていきましょう。

I 冷戦後を予想した二つの説(冒頭~L29)

「冷戦」というのは、かつてソビエト連邦(≒今のロシア)を中心とする社会主義陣営と、アメリカを中心とする自由主義陣営とが冷ややかな緊張関係にあったことをいいます。でも最終的には一九九一年、ソビエト連邦が崩壊し冷戦の終わりがやってきます。そのときフクヤマは〈世界全体が自由主義と民主主義に覆われていく〉というイメージを描きました。それに対してハンチントンは、〈宗教や民族を中心として異なる文明圏の対立が起こる〉と予想したのです。

冷戦後30年がたった今、いったいこの二つのどちらの意見が正しかったのか? たしかにグローバル化で人々は自由に結びつき、ネットで同じ情報をみんなが共有するようになったと感じます。でも世界は本当に自由主義や民主主義によって一つになった? それはちょっとね、という感じがしますね。

じゃあハンチントンがいうように、世界では文明がぶつかり合う衝突が起きているか? たしかに西欧文明と非西欧文明がぶつかっているように見えます。でも実際の世界は文明によって明確に分かれてなどいません。

それより、むしろ文明の〈内〉で分裂や分断が生じていると筆者はいいます。たとえばイスラーム圏のなかでは、イスラーム過激派は他のイスラーム教徒たちと対立しています。またイスラーム過激派と対立しているイスラーム教徒の間にも宗派対立があります。

そして自由主義と民主主義の中心となるはずのアメリ

カやヨーロッパの〈内〉にも深い亀裂と分裂があります。イギリスのEU離脱、トランプ政権による激しい分断。そして冷戦の後に喜んで欧米に加わった東ヨーロッパ諸国は、今あからさまに自由主義や民主主義を捨てポピュリズム（＝大衆迎合主義）や、強いものに身を委ねる権威主義へと傾いています。

　結局フクヤマがいった世界とも、またハンチントンがいった世界とも、違う世界がやってきたのです。

Ⅱ「まだら状」の世界へ（L30～ラスト）

「まだら」って、どういう感じかわかりますか？〈さまざまな色や濃淡がまざりあっている様子〉。「まだら」を漢字で書くと「斑《はん》点」の「斑」。斑点が皮膚にできたときなんか、やっぱり色も大きさも違う感じですよね（なんか、かゆい……）。問題文の最後（L63）に「斑点」という語が出てくるのは、筆者が「まだら」と斑点を通じ合うものだと考えているからです。

　筆者は今の世界は「まだら状」だっていっています。では筆者がいう「まだら状」はどんなものなんでしょうか？　まず右でいったような意味から、みんなは頭のなかに、何かいろんなものがはっきりとした境目《さかいめ》もなく一緒にある、そんなイメージをもってください。そして筆者のいうことを考えてみてください。たとえば筆者は現在の世界地図は政治体制・宗教・民族、そういうものによって明確に分かれていないといっています（L32）。自由主義とかイスラーム主義といったイデオロギー（＝①主義主張。②社会や人間を支配する価値観）による分断・分裂はある。でもそれはかつてのように、この国までは社会主義圏、ここは自由主義圏、みたいに明確な「地理的な境界を持た」（L33）ない。分裂は先にもいったように、イスラームの〈内〉に、欧米の〈内〉に走っているのです。だから「まだら状」という言葉は、**はっきりした境界のない「揺らぎと分裂」**（L24）を表していると考えていいでしょう。

　そして「まだら」な状態は、個人の心のなかにもある。自由は絶対ほしいという気持ちと、だけど環境問題・原発・近い国との仲の悪さなど、難しい問題は自分で考えるのが面倒だから、バシッと強い力をもつ政治家が決めてくれよっ、ていう人まかせの気持ちとが、一人の人間のなかに同居している。この二つは正反対でしょ。自由がほしいんだったら、強い権力はいつ自分を抑圧するかもしれないんだから、権力に頼ってはいけないはずです。だから個々人の内側にも「まだら」がある。すると「まだら（状）」の大事な意味はやはり**分断・分裂**ということです。

そして筆者はイスラーム国の出現は、世界の秩序が「まだら」に侵食されていく様子を「先駆的に示した」（L39）と述べています。

イスラーム国の仕組みは今までの帝国や国家の仕組みとは違い、中央政府という組織がありません。軍も未整備で、軍が周辺諸国を「併呑《へいどん》（＝あわせ飲むこと）」（L41）するというのではありません。今までの国家は国境によって領土を仕切る。だから国境と領土とは「連続」的に結びつき、「一体」（L44）となっていた。でもイスラーム国はそういう地理的なつながりや広がりにとらわれず、ポコポコと散らばった水滴が、やがては大きな海となるかのように、分散していた共鳴者（＝「主体」L46）が同じような動きや運動を繰り返し、インターネットで結びつき、速く激しい勢力になり、「『まだら（状）』に支配領域を広げていく」（L43）。これが「まだら状」と呼ばれているのですから、「まだら（状）」には、**変容・変化**という意味も含まれると考えられます。

またイスラーム国は、イスラーム教の「規範（＝決まり）」「体系（＝集めたもの）」という近代以前に確立されたインフラ（＝インフラストラクチャー。社会の基礎）と、グローバル化のもたらした移動の自由の広がり、そして情報収集通信手段の普及という新しい社会的なインフラとが結びつくという仕組みです。そしてどこに現れるかわからない吹き出もののように、イスラーム国はぽつんぽつんと現れてくるのですから、国家や国際的な機関が押さえ込むのはなかなか難しい。たとえば自由主義と民主主義を重んじる欧米は、イスラーム国を敵と見なします。でもイスラーム国を押さえつけるために、イスラーム教に惹《ひ》かれる人間の心を抑圧したら、思想の自由を押さえ込むことになります。だから自由主義と民主主義を旗印とする国々は、自らの自由主義とイスラーム国を押さえつけるための反自由主義という相反する立場の間で、「ジレンマ（＝板挟みの苦しみ）」（L57）を味わうことになった。そして自由を放棄してイスラーム国と闘い、あわや欧米が負けるという暗黒世界が来てしまうところだったと筆者は述べています。

　今はイスラーム国がその力を衰退させています。でもイスラーム国の理念や、イスラーム国が「まだら状」に発生するための条件であるグローバル化と情報通信技術の普及ももちろん止められているわけではありません。新たな「イスラーム国」の登場は常に起こりうるのです。そしてそれは中東やイスラーム世界から起こるとは限らない。世界はグローバル化しているのですから、どこにでもその危険の源はあり得るわけです。それも一つひとつの斑点のように、いつプチッと出るかわからない。そして「まだら」な世界は先にもいったように、私たち一人ひとりの心のなかにもあり得るのですから、いつ私たちが一つの斑点として世界の危機を作り上げる人間になるかわからないのです。

テーマ〈ポピュリズム〉

「ポピュリズム」は先にも書いたように、「大衆迎合主義」と訳されることが多いです。有権者に寄り添うように、有権者たちが求める政策を訴えかける。

　でもよく考えれば、政治家は誰もが、選挙のときには、とにかく自分に一票を入れてほしいから、有権者によく思われるような政策を公約に掲げます（あんまり実現しないけど）。そういう意味ではみんな政治家はポピュリストです。というよりも、選挙という制度によって議員が選ばれるという、民主主義の仕組み自体が、ポピュリズムを生み出すのです。だから民主主義という制度が選ばれた近代という時代の初めから、ポピュリズムはあり得たのです。それがしばらくあまり目立たなかったのは、立候補した側は露骨に票を取ろうという態度を見せない、投票する人たちも露骨に自分たちの欲望を出さない、そうした社会性、もっと簡単にいうと、そういうことは恥ずかしいことだという、眼《め》に見えない世間のルールが働いていたのだと思います。

　ですが、人々は欲望を表すことを悪いこととはあまり思わなくなった。そしてそれに合わせて、そうした人々の欲望を土台に政治をしようとする人間も、そうした本心を隠さなくなった。だからかつてのルールは失われ、現代のようになったのだと思います。

　そしてもう一つ、ポピュリズムの特色は、敵をつくり激しく批判するというやりかたです。これは人々に、わかりやすく自分をアピールするのに役立ちます。

　その結果、問題文にもあった〈分断〉が生じます。

　民主主義は決して放っておいても大丈夫な制度ではない。ルール意識が失われたら、すぐに危うい政治と分断が生じてしまうものなんだと思います。

ひとこと要約

世界は分断と不安定さを生じさせる状況に直面している。

200字要約

現在の世界は体制やイデオロギーの明確な境界が不在なまま、文明や社会の内部、そして個人の内部に断裂を生じさせるというまだら状の秩序となっている。たとえばイスラーム国の登場は、グローバル化による移動の自由の拡大と情報通信手段の普及を背景に、特定の理念への共鳴者が世界各地で行う運動が結びつけられていくものだった。そしてそうしたグローバルな危機の震源は、世界各地、また私たち一人ひとりの内側に存在している。（200字）

要約のポイント

計30点

a 現在の世界には体制（イデオロギー／宗教／民族／理念）がある ……3点

b それらには明確な境界が不在である ……4点

c 文明や社会の内部そして個人の内部に断裂／分裂／対立が生じている ……4点

＊「文明か社会／個人」の片方がないものは2点減。

d 世界はまだら（状の秩序）になっている ……2点

＊dは、bかcの点数があるときのみ与えられる。

e イスラーム国（の登場）はグローバル化による移動の自由の拡大がもたらした ……5点

＊「グローバル化」＝2点。「移動の自由の拡大」＝3点。

f （イスラーム国の登場は）情報通信手段（技術）の普及による ……3点

g （イスラーム国の登場は）特定の理念と結びついている ……3点

＊e・f・gは「イスラーム国」と結びつけられて説明されていることが必須。

h イスラーム国（の理念）への共鳴者が世界各地で行う運動が結びつけられていく ……2点

＊「ばらばらに行う／組織的でない」なども可。

i （イスラーム国のような）グローバルな危機の震源は、世界各地にそして私たち一人ひとりの内側に存在している ……4点

＊〈グローバルな危機／世界規模の危機〉に該当する内容

がないものは2点減。
＊「世界各地／どこでも、か個人」のどちらかがないものは2点減。

設問ナビ

問一 傍線部に関する具体例を挙げる問題

採点のポイント 計6点

a イスラーム諸国間の対立／不和 ……3点
＊「イスラーム過激派あるいはイスラーム国と、他のイスラーム教徒との対立」、「イスラーム教徒の間の宗派対立」などの内容も許容。

b 欧米世界内に見られる亀裂／分裂 ……3点
＊「英国のEU離脱」「トランプによる分断」なども許容。

傍線部「文明の内なる衝突」の具体例を挙げる問題です。具体例を挙げるという場合、本文のなかの具体例を取り出すのか、それとも自分で考えて具体例を書くのか、迷いますよね。この問題にはその指定がありません。イヤですね。でもこれは北大の問題なんですが、北大が発表した解答は問題文のなかの例を挙げています。ふつうは、**自分で考えてというふうに書いていない場合はまず本文の例を挙げるということでいい**と思います。

それではまず傍線部自体の意味を考えましょう。これはどんな問題でも大事な出発点です。「文明」の「内なる衝突」ですから、文明と他の文明との対立ではなく、文明のなかに仲間割れのような形で衝突が起きている、ということですね。そういう例を挙げればいい。そこで傍線部の文脈を見ます。傍線部の直後を見ると、「イスラーム過激派」と「世界のイスラーム教徒」との間が「統率」されていないと書かれており、これがまず傍線部の例だと考えられます。すると、傍線部の「文明」はまず「イスラーム」圏のことだということになります。

なので「文明の内なる衝突」の例としては、「**イスラーム諸国の間の不和と非協力**」（a *L*16）という表現を用いて書けばいい。「具体例」を挙げよ、だから、〈イスラーム過激派あるいはイスラーム国とイスラーム教徒との対立〉、「イスラーム教徒の間の宗派対立」もいいですが、「国」同士の対立のほうが、傍線部の「文明の内」という表現に対応する大きさや広さを感じさせます。

それに、字数条件が厳しいです。なのでaを使うほうがいいでしょう。

もう一つ、イスラーム圏の話のあとに、「欧米世界」つまりヨーロッパ「文明」の状況が書かれています。そこにも「**（欧米世界の）内部に深い亀裂と分裂を抱えている**」（b　*L*21）とあります。これも「具体例」だからといって「英国のEU離脱」を書くと、「トランプ政権」のもたらす「分断」のほうはなぜ書かないのかという問題が生じます。字数条件と、aとレベルを合わせることを考えると、bのレベルで書いたほうがいいです。「文明」を「イスラーム」、「欧米」としただけでも、十分「具体」的です。

字数条件の厳しい設問では**コンパクトにまとめる表現力**が求められます。まず言葉をたくさん覚えましょう。

問二　傍線部に関する内容説明問題

採点のポイント　計10点

a　地理的連続性や一体性に囚われない　……3点

＊「地理的連続性」と「一体性」のどちらかがないものは2点減。

＊「囚われない」は「原則としない」なども可。

b　ムズ　中央組織／中央政府がない　……2点

＊「組織的でない」は可。

＊「軍」に関することだけでは不可。

c　分散した主体／共鳴者／同調者が　……3点

＊〈分散／散らばった／ポツポツと〉という内容がないと不可。

d　支配領域を広げる　……2点

＊dはcがあるときのみ与えられる。

＊「町や地域を支配する」など、同様の内容があればよい。

「いかなる点において異なるのか」と設問文に書いていますから、ふつうは「旧来の」国と、「イスラーム国」の相違点を対比的に説明するのが妥当ですが、両方を40字で書くということはほとんど不可能です。だからこの場合は、イスラーム国が主語なので、イスラーム国が今までの国と違う点だけに絞るしかないと思います。事実、北大が発表した解答もイスラーム国のことだけが書かれています。ちょっと受験生泣かせだなと思います。けどこういう設問も入試では結構あるので、柔軟性を発揮して、〈「イスラーム国」がメインだから、今までの国と違うことだけ書けばいいよね〉と考えればいいと思います。

すると、まず傍線部には、「『イスラーム国』という現象」が今までの国家とは「メカニズムを異にする」と書かれています。「メカニズム」は〈仕組み・システム〉ですね。イスラーム国の仕組みは、まず傍線部直後に、「組織的な中央政府が秩序立った軍を整備して領域を拡大し、周辺諸国を『併呑（＝あわせ飲むこと）』して国境線を外に広げていくのではな」い、と書かれています。**〈地固め編〉p.29例題1**の梅POINTで**「……ではなく」という説明は要注意**と書きました。ただしこの部分では、まず旧来の国家のこと（……の部分）をいい、「……ではなく」とその直後でイスラーム国について説明しています。つまり「旧来」の国家との違いを述べるという点では、この部分をまとめて、〈**b　組織的なものがない・特に中央政府がない**〉という点がイスラーム国の特異なありかただというふうに解答で示すのはアリだと思います。つまり、従来の国家には中央政府があるのがふつうですから、そういうものがないと書くことで、字数条件的に書けない従来の国家のありかたを暗に示すこともできるということです。

「……ではなく」のあとの部分も「イスラーム国」のことを説明した部分ですが、**c**・**d**とかぶるので、表現のコンパクトな**c**・**d**のほうを使うといいと思います。

さらに「『イスラーム国』は地理的な連続性と一体性に囚われない」（L44）と書かれています。これはたんに否定しているだけなので、注意すべき「……ではなく」とは違いますし、〈**a　（イスラーム国は）地理的な連続性と一体性に囚われない**〉と書くと、やはり「旧来」の国家はそれに囚われていたっていう意味が文字の下から透けて見えるような形の解答になると思います。

でも組織的なものがないのにどうやってその集団は動

いているのか? これも「**分散した主体**（**=共鳴者**）」**が**「**結びつ**」(L46)**く**（**c**）、と書かれています。そして彼らはこんな形で「**支配領域を広げ**」(L43)**る**（**d**）。**c→d**も、先に引用した部分に書かれた、旧来の国家が「軍を整備して領域を拡大」(L41)するのとは違う領土拡大の仕方なので、「旧来」の国家と「異なる」点です。だから解答の要素になります。

傍線部に「メカニズム」という語があるので、傍線部を含む段落のつぎの段落に着目し、イスラーム国の「インフラ」について書いた人もいると思います。目の付けどころはいいと思うのですが、ここは旧来の国家と対比されていないところなので、解答には入れなくてよいです。

梅 POINT 字数条件が厳しいとき、どの要素を必須とすべきか、要素の優先順位を考えて取捨選択すべし。

できるだけ要素は入れる。迷ったら入れる。でも右のような柔軟性も大切です。

問三 **傍線部の内容説明問題**

採点のポイント 計10点

a イスラーム教の規範体系 ……**2点**

＊「体系」がないものは1点減。

b **ムズ** グローバル化による移動の自由（の拡大） ……**3点**

＊「グローバル化」1点。「移動の自由」2点。

c 情報通信手段の（普及） ……**3点**

d **ムズ** a〜cの結合 ……**2点**

＊dはa・b・cがすべてあるときのみ与えられる。

まず傍線部の「同様の事象」は傍線部直前の「イスラーム国」が「『まだら状』に発生し拡大」したこと、を指しています。すると、傍線部は**イスラーム国のような現象はそれを生み出した「条件」が変わらなければ今後も常に起こる可能性がある**という内容だとわかります。「条件」とは〈物事が成立したり決められたりするときに、その元《もと》となるもの〉です。つまりこの場合は、イスラーム国が発生する元となったものを答えればいいのです。それはどこに書いてあるでしょうか？ **L48**を見てください。「『イスラーム国』のメカニズム」は「イスラーム教の共通の規範体系という前近代に確立された『インフラ（＝基盤）』」を「グローバル化による移動の自由の拡大、情報通信の手段の普及という現代のインフラと結合させ、双方の恩恵を存分に受け、活用したものだ」と書かれています。つまり〈**a** 宗教の規範体系〉＋〈**b** グローバル化による移動の自由の拡大〉＋〈**c** 情報通信の手段の普及〉という三つを「結合」（**d**）させたとき、イスラーム国が誕生したのです。

同様のことが傍線部直前に書いてあります。でもここだけを解答に書いたのでは、解答として不十分です。先ほど見た**L48**では、傍線部直前の「グローバル化」の中身まで「移動の自由の拡大」だと説明されています。より詳しいわかりやすい説明が求められるのが、現代文の記述問題ですから、「グローバル化」だけでは説明が不十分なのです。それに傍線部直前ではイスラーム教の規範体系ということが書かれていません。**L48**に書かれているように、三つがタッグを組んだとき、イスラーム国は誕生するのですから、傍線部直前だけでは要素的に足りません。

あと、三つがバラバラではダメなので「結合」（**d**）も「条件」に当たります。忘れないで書いてください。

問四 波線部の内容説明問題

採点のポイント 計14点

a 種々の主義主張による断裂／分裂／分断が社会の内部に存在する ……**4点**

＊「主義主張による」がないものは1点減。

＊「主義主張」は「政治（体制）／宗教／民族／イデオロギー」も可。

＊〈社会の内部に〉という内容がないものは2点減。

b **a**は地理的な境界を持たない／境界が曖昧 ……**2点**

c 個人も自由とともに強権も望む ムズ ……**2点**

＊「個人／個々人」が必須。

＊「自由」＝1点。「強権」＝1点。

＊「自由」は「自由を享受する」も可。
＊「強権」は「強い指導者に難問を委ねる」、「（即断即決の）強権発動で解決してもらおう」なども可。

d ムズ 個人は分裂した心性／心／内部／内面をもつ ……**2点**

e 揺らぎと変化に満ちた状態 ……**4点**
＊「揺らぎ」＝2点。「変化」＝2点。

傍線が引かれていない、あるいは一箇所だけ今回のように波線である、というような問題は文章全体を見渡して答えなさいという設問であることが多いです。今回の問題は設問文で「本文全体を踏まえ」ることを求めています。しっかりこの指示に従って文章全体から要素をピックアップしてつなぐ、そういう作業をしてください。関係のある要素をつなぐ**構成力**を発揮してください。

梅 POINT　傍線部がない問題などは文章全体を視野に入れるべし。

この設問は波線部がありますから、まず波線部の文脈を確認しましょう。まず波線部直前の「それ」はすぐ前の「現在の世界秩序」を指していますね。では筆者は「現在の世界秩序」をどのように見ていますか？　これは**問一**で確認したように、文明の内部に「亀裂と分裂」（L21）、「揺らぎと分裂」（L24）が存在しているという状態でした。ただ **問題文ナビ** でもいったように、「まだら」は〈さまざまな色や濃淡がまざりあっている様子〉です。すると筆者は〈分断されながら、その境界線が揺らいでいる／境界がはっきりしない〉「世界秩序」を「まだら状」と呼んでいるわけです。実際波線の直後で、筆者は「まだら状」とは何かと自らに問いかけ、そのつぎの段落に「政治（体制）」、「宗教や民族」、そして「イデオロギーによる断裂の線は、地理的な境界を持たず、……社会の内側に走っている」（L33）と書いています。これらから、〈**b　地理的な境界を持たない**〉〈**a　多様な主義主張（政治（体制）／宗教／民族／イデオロギー）による断裂／分裂が存在する**〉〈**e　揺らぎに満ちた**〉現在の世界のありかたを筆者が「まだら状の秩序」と呼んでいると説明することができます。**e**は**b**とも通じ合うポイントですが、「まだら状」のニュアンスを出すためにも、解答に入れておきたいポイントです。

また傍線があってもなくても問われている語句と同じような語句、あるいはまったく同じ語句があるところには当然ながら着目しなければいけません。 波線を含む段落の二つあとの段落に「『まだら』な状態が生じてくる」（L35）（L37）と書いてあります。それは「個々人の内側」になのです。慣れ親しんだ自由を享受（＝喜んで受け入れる）せずにはいられない一方で、強い権力をもつ指導者に難問題を早く解決してもらいたいと思い、強い権力を求める——でも〈c **自由が欲しいということと強い権力に助けてもらいたいということ**〉はやはり〈d 分裂〉です。権力は自由を奪うかもしれないからです。

さらに筆者は「イスラーム国」についても「『まだら状』に支配領域を広げていく」（L43）と述べています。そのありかたは「散らばった水滴が繋《つな》がって……大海となるかのよう」だと述べています。ここには急激な「**変化**」が示されていますから、似たような意味の**e**と合わせて書くといいでしょう。「イスラーム国」について書かれた箇所から、「分散した」、「ポツポツと現れ」（L42）などを解答に書いた人もいると思います。でも波線部は「まだら状の秩序」にまで引かれています。この「秩序（＝まとまり・順序や決まり）」は、世界全体の「秩序」ですから、「イスラーム国」だけに見られる具体的なことがらは要素としては不適切だと判断してください。ただ「国境」とかがないことは**b**に該当します。

あとはこうしたポイントをどのようにまとめるか、です。当然ながら世界の秩序と個人というこの二つを分ける形になりますが、どっちが先でもかまわないです。また〈**解答例**〉冒頭の「種々の主義主張」は、「政治体制」などをまとめた表現です。

生徒の解答と採点例

a…4点

宗教や民族によって分断された現在の世界の状態で、イスラーム国

どのポイントとしても

不可

の状態をも指すものであり、慣れ

△C…

親しんだ自由を享受せずにはいら

1点

れない個々人の心をも侵食してい

る秩序。

傍線部の語だが、説明して使っているので許容

5点

あと、問題文の題名に「すばらしい」とありますが、もちろん筆者がホントに「すばらしい」と思っているのではないと思います。

「ランボーの詩の翻訳について」

東京大学（改）

別冊(問題) p.22

解答例

(一) 文学作品の内容はその表現形態と一体化しているため、翻訳に際しては、内容だけでなく原文に固有な表現の機微にも配慮すべきだから。 6点

(二) 翻訳者が、原文の特異な表現形態を軽視し、日本語の枠組みの中で内容を理解し記述しただけの、原文を離れた創作となっているということ。 7点

(三) 原語の表現形態をできるだけ忠実に母語に反映させようとすると、既存の母語の枠組みを逸脱するような表現を生み出す可能性がもたらされるから。 6点

(四) 翻訳は、原文の内容とともにその独自な表現を尊重する時、言語間の表現形態の異質さに直面し、両者の調和に向け母語の規範を解体しつつ新しい表現をもたらすが、その営みは、文化間の齟齬を引き受けつつ新たな相互理解の関係性を切り開く態度に通じるから。 15点

(五) a 首尾　b 逐語　c 促 2点×3

ムズ (三)・(四)

合格点 23点

/40点

問題文ナビ

読解のポイント

Ⅰ　翻訳者は
①原文の内容をこなれた（＝上手な）日本語にしなければならない
②原文のかたち＝表現をできる限り尊重しなければならない
↓
①と②は相反する要請

Ⅱ　翻訳は言語だけではなく、異なった複数の文化を仲立ちし、結びつける営みだ

問題文は第7段落冒頭（L34）に「その点を踏まえて、もう一度考えてみよう」という問題提起があります。こうした問題提起は問題文の転換点になるので注目しましょう。また最終段落が「もっと大きなパースペクティブ（＝眺望・視野）において見ると」というふうに、一段階「大きな」話になっています。そこで問題文を三つに分けて見ていきましょう。

Ⅰ　翻訳で必要なこと（冒頭～L33）

自己の内面や思想を表現しようとする傾向がある近代芸術では、内容が重視されます。近代の文学でも同じで、「この作品はこういうイデー（＝理念・観念）を伝えている」などと内容だけを取り出して論じることが多いのです。ですが、「内容」と「表現形態」＝「かたち」（L9）・「フォルム的側面」（L14）は切り離せません。だから翻訳者に必要なのは、内容だけではなく、「テクスト（＝書かれたもの）」に含まれるこうした「かたち」にも注意を払うことです。内容を「自らの母語によって適切に言い換えれば」（L23）、よい翻訳のように思えますが、そのとき「表現の仕方」から眼をそらせてしまうことが起こる。だから翻訳者は、原文の「かたち」に忠実であるべきだ、という意識をもたなければならないのです。

Ⅱ 翻訳の難しさと可能性（L34～L60）

翻訳の、こうした注意点を守ろうとすると、翻訳者はある困難に出会います。たとえば日本人の翻訳者は、原文を読み取り、それを十分に表せる（＝「達意の」）日本語にしなければなりません。しかしそのときに原文の「かたち」も可能なかぎり尊重しなければならない。たとえばランボーの詩のリズムや音韻はフランス語が作り出す独特の「かたち」です。それを母音が五つしかない日本語で表現するのはとても難しい。「フランス語における志向する仕方は、日本語における志向する仕方と一致することはほとんどなく」（L48）、とはそういうことです。なのに内容だけではなく、こうした「かたち」をも翻訳者は示していかなければならない。この「両立不可能な」（L41）課題に立ち向かうとき、母語である日本語とフランス語の間に「齟齬（＝食い違い）」（L49）が生じます。これが翻訳の「難しさ」です。

ですがそれを乗り越えようとするときに、「新しい言葉づかい」が生まれ、「原文＝原作に新たな生命を吹き込」（L57）むことができるかもしれない。そうした「可能性」も翻訳にはあるのです。

Ⅲ 高次元の「翻訳」（L61～ラスト）

翻訳はもちろん言語間のやりとりですが、言語が文化のベースであることを考えれば、翻訳は言語という次元を超えて、文化や宗教などにまで範囲を拡大することができます。そういう視点から翻訳をとらえることを、筆者は「もっと大きなパースペクティブ（＝眺望・視野）においてて見る」（L61）といっているのです。最終段落で翻訳にカギカッコをつけてわざわざ『翻訳』と表現しているのは、単なる言語レベルを超え、差異をもつ文化間の媒介となる翻訳のことを示したいからです。そうなれば翻訳は、複数の異なった文化を結びつける可能性をもつものとなるでしょう。

梅POINT 同じ語句にあえてカギカッコをつけて、異なる意味を示そうとすることもあると心得よ。

テーマ　クレオール

クレオール＝言語、文化などのさまざまな人間的社会的な要素の混交現象のこと。植民地などで、帝国国家の言葉が現地語と融合し、新たな言葉（**クレオール語**）を生むことがあります。そうしたものを植民地帝国主義の名《な》残《ご》りとして否定することもありますが、新しい言語文化の可能性として考えることもあります。クレオール文化復権運動などがそれに当たりますが、これは、クレオール語を認知することで複数の言語が存在する状況を肯定しようとするものです。こうした動きは、さまざまな言語や文化と触れあい、そこから新しい言語や文化を創造するという体験を重んじようとする、柔軟な思考に基づくものです。

ひとこと要約

翻訳は異文化間の対話を志向するものだ。

200字要約

文学作品においては、内容と固有の表現形態とが不可分な関係をもつ。それゆえ翻訳は、内容だけではなく原文の表現形態にも留意し、母語と、母語とは異なる枠組みをもつ言語とを調和させようと模索しつつ、母語の既成の規範をも破る新たな言語を創出する行為となる。そして翻訳は、言語の次元を超えて、諸文化の複数性を引き受け、互いの差異を認めたうえで文化間を媒介し対話させていく営みにも通じる可能性をもつのである。（197字）

要約のポイント　計30点

a 文学作品においては、内容と固有の表現形態とが不可分な関係をもつ ……3点
b 翻訳は、内容だけではなく原文の表現形態にも留意する ……3点
＊たんに「内容のみを読み取ってはいけない」は2点。
c 母語と、母語とは異なる枠組みをもつ言語とを調和させようと模索する ……3点
＊「異なる」に該当する表現がなく、たんに「原語と母語とを対話させる」は2点。
d 母語の既成の規範をも破る ……3点
e 新たな言語を創出する行為となる ……3点
f 翻訳は、言語の次元を超える ……4点
g 諸文化の複数性を引き受ける ……3点
h 互いの差異を認め ……4点
＊「差異に細心の注意を払う」も可。
i 文化間を媒介する／対話させる ……4点

設問ナビ

(一) 傍線部の理由説明問題

採点のポイント 計6点

a 文学作品の内容はその表現形態と一体化している ……**3点**

＊ aが0点の場合は、全体0点。

＊〈内容と表現との一体性〉に言及していればよい。

b **ムズ** 翻訳に際しては、〈内容だけでなく〉原文に固有な表現の機微にも配慮すべき ……**3点**

＊〈表現（「テクスト」）の微妙さに配慮する〉〈表現に込められた独特さ／特異性／個性／単独性に配慮する〉などの内容があればよい。

＊「（内容だけに集中してしまうと、）表現の微妙さ／独特さが取り逃がされる」といった書きかたも許容。

＊「告げようとしているなにか」「密かなもの」は不可。

傍線部**ア**と同じ内容が傍線部の前の一文で示されています。傍線部は〈内容だけに集中するな〉ということであり、これを**イイカエ**ると〈かたちへの気づかいをやめるな〉という傍線部の前の文の内容になります。そしてその一文は「つまり」という**イイカエ**の接続語で、段落冒頭の「次のような姿勢を避けるべきだ」とイコールになります。

それゆえ「次のような姿勢を避けるべきだ」
＝
かたちへの気づかいをやめるな
＝
内容だけに集中するな（傍線部**ア**）

という関係が成り立ちます。ならば傍線部を含む段落冒頭の接続語「それゆえ」が指している内容が、傍線部のような「態度を取ってはならない」**理由**です。ただし「それゆえ」の直前の文（***L*9**）は傍線部とほぼ同じ内容なので、傍線部の**理由**としては不適切です。でもこの***L*9**の文はその一文前の文***L*8**と「だから」という因果関係で結ばれています。***L*9**の一文は傍線部とほぼ同じ内容ですから、***L*8**の一文は傍線部の**理由**になります。すると***L*12**の「それ」（＝傍線部の**理由**）は、***L*8**の〈**a 内容はかたちと一体化してしか存在しない**〉という内容だと考えられます。

傍線部と**L9**の一文を同義だと考えてつなぎ、「だから」のあとを**理由**と見なす、という手順でもいいですね。

これがメインの**理由**ですが、「内容」だけに集中し、「かたち」の部分を軽視する「態度」がマズイのですよね。〈**地固め編**〉のおさらいですが、**理由は〈主語の性質〉のなかにある**のでしたね。この傍線部の「態度」という語句は、「……という態度は取るべきでない」というふうに、主語になれるので、この「態度」がもたらすマイナス面があれば、それも**理由**になります。少し傍線部から離れていますが、**L23**の「……内容を、自らの母語によって適切に言い換えれば……翻訳」ができるということも、傍線部の「態度」と同じで、それをすると、「原文のテクスト」の「独特な語り口、言い方、表現の仕方」で「告げようとしているなにか」から「眼をそらし」してしまうと書かれています。「言い方」や「表現の仕方」は内容ではなく、「かたち」ですよね。また「語順、構文」(**L35**)なども「かたち・形式」です。するとその「かたち」を軽視する「態度」では、そうした「かたち」を通して「コミュニケートしよう(＝伝えよう)とした」、**「なにかしら特有な、独特なもの、密かなもの」**(**L36**)、**「特異な単独性」**(**L39**)**も失われます**(**b**)。それはまずいことですから、**b**も傍線部の理由になります。

〈**解答例**〉の「機微(＝微妙なおもむき)」は「なにかしら」・「密かなもの」の**イイカエ**です。

(二) 傍線部の内容説明問題

採点のポイント　計7点

a ムズ 翻訳者が、原文の特異な表現形態を軽視する　……**2点**

＊〈表現形態を軽視する〉といった内容があればよい。

b 日本語の枠組みの中で内容を理解し記述しただけ　……**3点**

＊〈日本語の規範／枠組みで理解し記述する〉という内容があればよい。

＊「原文の内容を母語に置き換えただけ」などは、傍線部の「日本語」と対応しないので1点減。

c ムズ 原文を離れた創作だ　……**2点**

＊〈原文とは違う翻訳者独自のものになっている〉という

内容があればよい。
＊たんに「原文と違うもの（作品）だ」「翻訳者自身の解釈になっている」などは1点。

この設問は内容説明問題だから、傍線部の**イイカエ**を求めていますが、傍線部のニュアンスを出すのが難しい設問です。まずたんに「作品」ではなく、「日本語作品」といういいかたをしているのは、翻訳者が（原文のかたちよりも）自分の母語である**「日本語」の枠組みのほうを重視した**（**b**）と筆者が考えているからでしょう。筆者はむしろ母語の「規範（＝きまり）を破」（*L*50）れ、といっているので、この翻訳者のように、母語である「日本語」のほうを大事にしてはいけないのです。

つぎに「作品」という語のニュアンスです。「翻訳作品であるというよりも、はるかに翻訳者による……作品である」といういいかたは、もはや「翻訳」ではなく、**翻訳者が〈創ったもの〉になっている**（**c**）、ということを示そうとしていると考えられます。「よりも、はるかに」という語句が示す、「翻訳」じゃなくなったという意味を、「翻訳者による作品（＝作ったもの）」という表現につなげて考えていくと、こういう意味にたどり着きます。〈**解答例**〉の「創作」はそうした意味を表した表現です。

「翻訳者が作ったもの」などという表現だと、「作品」をふつうにパラフレーズしただけで、筆者が込めた意味が説明されていないので×です。

また**p.34〈地固め編〉例題2**のところでいったように、**傍線部内容説明問題の書くべき要素No.2は傍線部のことがらが生じる前提＝必要な条件、論理的に補足すべきこと**、でした。この設問は**イイカエ**だけではそんなに字数をとられる設問ではないし、**b**や**c**のようになってしまうのは、**翻訳者が原語の表現の仕方に対する気づかいをやめた**（＝「眼をそら」した）（**a** *L*25）からです。なので**a**も解答に含めるとより内容の濃い解答になります。**a**は「原文の形態よりも」とかでもOKです。ただしたんに「原文よりも」では×です。「形態」に触れていないと×。

（三）傍線部の理由説明問題

採点のポイント 計6点

a 原語の表現形態をできるだけ忠実に母語に反映させようとする ……**2点**

＊「原語と母語を対話させる」は比喩的だし、説明不足で不可。

＊「母語と食い違う原語の表現形態を取り入れる」などでもよい。

b 既存の母語の枠組みを逸脱する／破壊する……**2点**

＊「母語」を「日本語」に限定したものは全体から1点減。

c ムズ bのような表現を生み出す ……**2点**

＊「母語の既成の枠組みを破る表現を生み出す」などでも可。

＊「新しい言語表現を生み出す」のみでは、傍線部の繰り返しになるので不可。

＊傍線部の〈新しい表現〉につながる内容であればよい。

理由説明問題です。主語である「対話」が「新しい言葉づかい」などを生むのです。だとすれば、「対話」の中身を考えましょう。

するとつぎのようなプロセスが「新しい言葉づかい」に結びつくと考えられます。

a **対話＝母語と原語の表現形態とを結びつける**（L52）

↓

b **（齟齬が生じ）母語の規範を破る**（L48）

↓

c **既成の枠に収まらない表現が生まれる**（L50）

↓

傍線部

a・bは、〈新しいことは破壊から生まれる〉と考えれば、導きやすいでしょう。

問題は**c**です。理由説明の解答は傍線部や問いかけと論理的にスムーズにつながらないといけません。そのために字数的に余裕があれば、

梅POINT **理由説明問題では傍線部（の述部）とほぼ同内容になる表現を解答末尾に含めるほうがよい場合があると心得よ。**

この設問でも**b**で終わるよりも、**c**があったほうが、傍線部の「新しい」という表現とスムーズにつながります。**c**は「新しい」という意味を示しつつ、「表現」に触れていればOKです。傍線部とかぶりすぎず、少しズレた表現を添える。ここが工夫のしどころ。*L* **50**の表現をベースにできるとナイス。

生徒の解答と採点例

原語と母語とを対話させることで、原語のフォルムと母語の表現形態が融合し、原作に新しい生命が吹き込まれるから。

×a
○a…2点
×c（比喩的だし、傍線部の「新しい」とかぶる）
2点

(四) 「趣旨」＋傍線部の理由説明問題

採点のポイント 計15点

a ムズ 原文の内容とともに ……1点
b その独自な表現を尊重する ……2点
＊「原文の表現形態を尊重する」「原文の表現形態を母語に取り入れる」なども可。
c 言語間の表現形態の異質さに直面する ……2点
＊〈表現形態の食い違い／齟齬の存在〉に言及していればよい。
d 両者の調和に向け ……2点
＊「原語と母語との調和（「和合」）」も可。
＊「原語と母語とを対話させる」のみは不可。
e 母語の規範を解体しつつ新しい表現をもたらす ……2点
＊〈母語の枠組みを解体する／打ち破る〉1点＋〈新しい言語表現をもたらす〉1点。
f ムズ その営みは、文化間の齟齬を引き受ける ……3点
＊〈文化間の齟齬／食い違い／複数性を引き受ける〉という内容があればよい。
＊「異文化を尊重する」のみは2点。

＊「言語」のみに言及しているものは不可。

g ムズ 新たな相互理解の関係性を切り開く態度に通じる ……3点

＊〈新たな関係／相互理解の可能性〉に言及していればよい。

＊「相互理解／コミュニケーションをする」のみでは1点。

今回のメインの設問ですが、まずこの設問の中心である、傍線部の**理由**について考えましょう。どんな設問も、傍線部がある設問は傍線部の解読から始まります。傍線部の主語である「翻訳」は **問題文ナビ** にも書いたように、最終段落のカギカッコ付きの「『翻訳』」（L63）と同じで、言語を超えた「文化」レベルのものです。つまり傍線部は、**翻訳は、言語レベルはもちろん文化の違いを仲立ちし結びつけていくものである**、といっているのです。「結びつける」は「横断」の**イイカエ**です。「横断」は「媒介」と並列されているし、「横断」には、違う世界が結びつく、というイメージがあるからです。

ではなぜ翻訳は違うものを仲立ちし、結びつけるのでしょうか？　傍線部直前の「そうだとすれば」という語句に注目してください。この言葉は傍線部と傍線部直前の文が因果的な関係にあることを示しています。つまり、

f **翻訳は文化の複数性（違い・差異）に注意を払う**

↓

・文化の差異のあいだを媒介する（傍線部**エ**前半）

g **自他の文化を関係させる**

↓

・文化間を横断していく（傍線部**エ**後半）

という形で、傍線部の前半後半それぞれと因果関係があるのです。賢い人は「これって傍線部の**イイカエ**なんじゃないの？」と思ったかもしれません。それは正しいのですが、「そうだとすれば」という語句は、論理が一段進んだことを示していますから、筆者としてはイコールのつもりではないと考えられます。なので**f**・**g**は傍線部の**理由**になる。それに〈**地固め編**〉**p.49**や先の 梅POINT にも書いたように、傍線部の表現をずらして説明することは、理由説明問題の一つの要素になりうるので、ここを使っても問題ないです。というより、傍線部の「翻訳」

は、今までの「言語」レベルの話ではないので、ラストの段落にしか説明はない。その際傍線部に「言語」とあっても、意識的に「文化」のレベルで書くのが、文脈上大事です。「差異」は傍線部の言葉なので、「齟齬」（L49）などを使ったほうがいいです。**〈解答例〉**の「関係性を切り開く」は傍線部の「可能なかぎり」という可能性のニュアンスも含めた表現です。

ではつぎにいよいよ「趣旨」について。**趣旨（論旨）は、①筆者がいいたいこと**、です。論旨をまとめると要約になります。でもこうした設問の多くは、要約を求めているのではありません。筆者がいいたいことのなかでも、文章全体の論理をたどり、**②傍線部と結びつく重要なこと**をピックアップして書くのです。

梅 POINT 「趣旨（論旨）を踏まえて」という設問では、傍線部と論理的に関連をもつ重要な要素を書くべし。

大事なことはいくつかわかった、ではそのなかでどんなことが傍線部と論理的に結びつくか、を考えることです。

この設問でそれを考えてみましょう。問題文前半のメインテーマは「言語」の翻訳でした。そして傍線部の「文化の差異のあいだを媒介」することは、言語に即していえば、**母語と原語の間の齟齬を引き受けて調和させる（c・d）**こととつながります。

また傍線部後半は、異質なものを結びつけることでした。それは言語でいえば、**母語の枠組みを解体し、「新しい言葉づかい」（傍線部ウ）を生み出す可能性を開きました（e）**ということです。

そして**c・d・e**は、言語レベルの翻訳において、**原文の内容（a）**とともに**原文の表現形態にも気をつかう（b）**ことから生じました。するとこれらが本文の要点で、傍線部ともつながる。つまり上にいった①・②の条件をクリアします。よって**a～e**が傍線部と関連する〈趣旨（論旨）〉です。これらを書くことが「全体の趣旨を踏まえ」たことになります。今回の設問ではかなり「趣旨」のウェイトが高いですが、メインの傍線部自体に関する説明にどのくらい字数が必要かで、「趣旨（論旨）」に割りふる字数が決まります。メインは傍線部の説明ですが、趣旨も簡潔にたくさんというのが理想です。またふつうは**最初に趣旨（論旨）を書き、そのあとに傍線部に関する内容を書くほうがいいでしょう**。ただし、問題によっては、傍線部と趣旨（論旨）が丸かぶりで分けられないという、よくない問題もあります。そういうときは無理せずに、傍線部の説明を中心にしましょう。〈**解答例**〉では「もたらすが」までが「趣旨」です。「趣旨（論旨）を踏まえて」という設問では、**他の設問とのかぶりもアリ**です。というか、たいていアリます。

また解答は二文で書いてもOKですが、途中の「。」のあとには、接続語や指示語を使ってあとの文への論理的なつながりをつくってください。

最後に付け加えておきますが、この文章でも、カギカッコがつくことで「翻訳」の意味が変わりました。こういうカギカッコの意味など、筆者の用いた表現についで、「なぜ用いたのか」と筆者の意図を問う問題があります。そのときは、

梅POINT　筆者の表現の意図を問われたら、筆者を主語にした答えを書くべし。

当たり前のことなんだけど、結構忘れるので気をつけてください。

別冊（問題） p.30

解答例

問一

動物は個体や種の存続のための欲求充足の範囲内で行動し、環境に自分を順応させようとするが、人間は生物としての欲求充足の範囲を超え行動し、自力で環境を改変し生存に有利な環境を形成する。

14点

問二

生物としての個体的、種的な生存のために本能が指示する範囲。

10点

問三

人間の本能とロゴスの間には大きな隔絶があり、それに応じて人間の思念する世界のあり方と自身の生き方は真理とそうでないものとの間を揺れ動き、死の自覚がそれを一層複雑にするから。

16点

ムズ
問三

合格点 24点

／40点

問題文ナビ

読解のポイント

・動物と違い、人間はロゴスをもつ
　↓
・人間はロゴスと本能との間、真理とそうでないものの間で揺れ動く
　↓
・人間は死を自覚できるため、その揺れ動きは複雑になる
　↓
・人間がロゴスを前提に世界をよりよく知ろうとすること自体が哲学だ

問題文は、第3段落（*L* **15**〜）でこの文章の重要語である「ロゴス」という言葉が初めて登場するので、第3段落からを第2のブロックとします。このように**話題を示す語が何度も登場するようになるところを、意味のブロックの切れ目と見なす**こともできるようになりましょう。また最後の段落も「哲学」という話題に転換しますから、最終段落を独立させ、問題文を三つに分けて見ていきます。

I　動物と人間との差異（冒頭〜*L* **14**）

人間も動物も、できるだけよく、有効に生きるため世界を知ろうとします。これは「原初的（＝根源的）」な事実ですが、「本能」でもあります。

ただしこの、よりよく・有効にという点において、人間と動物には違いがあります。動物が「本能」を「発現（＝あらわすこと）」しようとしても、その範囲はその生物の「欲求充足の範囲（例：食欲などを満たす範囲）」に限定されます。そして動物は、環境という外部世界に自分の身体そのものを順応させるしかないのです。

これに対して人間の認識と行動は、生物としての領域を超えて拡大します。また、人間は環境のほうを変えてしまい、自分に有利な環境条件を形成します（それを文化・文明と呼んでもいいでしょう）。こうして人間は自己の原点となる本能の世界から抜け出すことができました。ですが認識能力が発達した結果、自分自身が死ぬ存

在だということを自覚してしまうことにもなったのです。

○動物＝認識と行動の範囲は欲求充足の範囲内に限定され、環境に自分を順応させる
⇔
○人間＝認識と行動の範囲は生物としての欲求充足の範囲を超え、自力で環境を改変する

Ⅱ ロゴスをもつ人間の特質（L15〜L40）

動物を超えるこの人間の能力には、文化の根源ともなる言語の力が関係していると考えられます。それゆえ筆者はこの能力を「ロゴス」（ことわり・理性、言葉）と呼びます。L1に書かれているように、できるだけよく・有効に世界を知ろうとすることは、学問や「哲学」の源でもありましたが、「ロゴス」も〈よく知り、有効に行動するために〉という前提のもとで働きます。

ですが人間が「ロゴスをもつ動物」であるということには、多くのことがらが含まれているのです。とくに他の動物のレベルを超えて、「世界に対する対処」（L23）のありかたを追求できるという「ロゴス」をもつことは、より複雑な問題を人間に投げかけるのです。

人間に本能がなくなったわけではありません。すると人間は、世界に対処する際に、本能とロゴスとの間でどちらの指示に従うか、「相克（＝食い違うこと・互いに争うこと）」したり、逆に「相互依存（＝相互に頼りにし合うこと）」（L33）したりすることになります。たとえば〈この魚全部獲りたい〉と「本能」は思うけど、〈いや全部獲ったら、来年、魚がいなくなるからやめろ〉と「ロゴス」はいうとか、本能とロゴスの揺れには、「大きな差異の幅（＝複雑さ・不安定さ）がある」のです。そしてその揺れ幅に対応するように、人間が思う世界のありかたと自らの生きかたも「真の理《ことわり》（＝ロゴス）」に合致する良きものと、そうではない本能的な生や生々しい人間のありかたとの間で大きく揺れ動くのです。

なおかつこの揺れ動きは、人間が自分の死を自覚できる存在であるがゆえに、より複雑なものとなります。死んでしまったら、すべての知識も、よく生きようとしたこともすべて「虚無」（L37）だ、そして自分は「無知の知（＝自分が何も知りえない存在だと知ること）」とい

う存在なのではないか、とも考えてしまうのです。

Ⅲ 哲学の意味＝結論（L41〜ラスト）

このように人間はロゴスを所有し、そして死の意識をもってしまいました。これが「人間としての条件」（L41）です。筆者はこうした「条件」を自覚した上で、「世界のあり方を知ろうとする自然本来の欲求」つまり生き物がもつ本能的な欲求、をあくまでロゴスがリードする仕方を追求するべきだと考えます。ロゴスは「ことわり・理性」ですから「知」でもあります。本能をも統御する「全一的（＝すべてを統一する）な〈知〉」を追求することが、「哲学」（＝知を愛する）ということの意味だと筆者は考えているのです。

ひとこと要約

哲学とは、ロゴスに即して知を目指すことである。

200字要約

人間は生物的欲求を超えて環境を改変しようとする知的欲求をもつ。そこにロゴスをもつ動物としての特質があるが、それは生物的生存の本能の指示を受けながらも、さらに進んでよりよい生を自らの責任において考えなければならないことを意味する。だが本能とロゴスの間には大きな隔たりがあり、しかも人間は有限な存在である。こうした人間の条件を自覚し、ロゴスに適った仕方で世界に対しようとする知的欲求こそ哲学なのである。（199字）

要約のポイント　計30点

a 人間は生物的欲求を超えて ……3点

b 環境を改変しようとする ……3点

＊bはcが0点の場合は不可。

c 知的欲求をもつ ……3点

＊「世界のあり方を知ろうとする」も可。

＊たんに「よく、有効に生きようとする」は1点。

d そこにロゴスをもつ動物としての特質がある ……2点

＊dはb・c両方とも0点の場合は不可。

e （人間は）生物的生存の本能の指示を受ける ……2点

f （人間は）よりよい生を自らの責任において考えな

ければならない ……4点

＊「自らの責任において」がないものは2点減。

＊「よりよい生」は「よいこと／有効なことを」なども可。

g 本能とロゴスの間には大きな隔たりがある ……4点

＊「本能とロゴスの間で揺れ動く」「真理とそうでないものとの間で揺れ動く」も可。

h 人間は有限な存在である ……3点

＊「死ぬ」なども可。

i こうした人間の条件を自覚する ……2点

＊ iはg・h両方とも0点の場合は不可。

j ロゴスに適った仕方で世界に対しようとする ……2点

k jのような知的欲求こそ哲学なのである ……2点

＊ kはjが0点の場合は不可。

＊「知」と「哲学」のつながりを示すことが必須。

生徒の解答と採点例

人間は環境としての世界に生き、
行動するが、できるだけよく、有（△c…1点）
効に生き行動するために環境につ（○c…3点）
いて知ろうとする。これはすべて
の生物に共通する本能だが、人間
はロゴスという言葉の力をもつこ（○d…2点（cがあるのでOK））
とで生物的生存の本能の指示する（○e…2点、○g…4点）

ところとロゴスの指示するところとの相克を経験する。この相克は人間が死すべきものであることを自覚することでさらに複雑になるが、ロゴスに適った仕方で生きようとする努力こそが哲学である。

h…3点、i…2点(hがあるのでOK)

j…2点

18点

テーマ　分析哲学

哲学の主流はヨーロッパにありますが、英米は**分析哲学**と呼ばれる分野を作り上げてきました。その哲学は概《おおむ》ねつぎのように特徴づけることができます。

①解明されるべき真理というようなものは厳密には存在せず、哲学の目的はただ思考の道筋を明晰《めいせき》なものにすることであるとし、分析哲学者は自分たちの研究を、自然科学とつながるものとさえ考える。

②思考や言語を論理的に分析することでテーマをはっきりさせることが、哲学に可能なほとんど唯一のことであると考え、「生とは何か、人間とは何か」、という問いは、解答のない、無意味な問いとして排除する。

③難解な用語を避け、定義や議論の論理構造をはっきりさせ、できるだけ明瞭な議論を行う（記号論理学）。

そして、代表的な学者にウィトゲンシュタインらがいます。

設問ナビ

問一　**相違点の説明問題**

採点のポイント　計14点

a　動物は個体や種の存続のための欲求充足の範囲内で行動する　……**3点**

＊「個体」「種」はどちらかあれば可。

5

b　環境に自分を順応させようとする　……2点
c　人間は生物としての欲求充足の範囲を超え行動する　……3点
＊「行動する」がないものは1点減。
d　自力で環境を改変する　……3点
e　生存に有利な環境を形成する　……3点
＊動物と人間とが対比的な形（〜だが、〜に対し、など）で書かれていないものは全体から2点減。

今回のテーマ問題の一つです。設問が説明を求めている「差異」とは**違い**ですから、この設問は相違点説明の問題です。**相違点説明問題は問題文の対比を見きわめろ、という設問**でしたね。そして、

梅POINT　相違点説明問題の答えの形は「Aは〜だが、Bは——である。」という形。「〜」と「——」ができるだけ正反対になるように言葉を選ぶべし。

というルールを確認してください。これをこの設問に即して具体的にいえば、動物に関して書いたことと、できるだけ対照的（＝正反対）な内容を、「人間」についても書くということです。〈**地固め編**〉でいった**対比のペア作り**です。

「動物」については傍線部直後の部分から、〈**a　動物は個体や種の存続のための欲求充足の範囲内で行動する**〉という内容が出てきますが、ならばこれと正反対になる「人間」に関する内容、〈**c　人間は生物としての欲求充足の範囲を超え行動する**〉を書かなければならないということです。

またみんなのなかには、傍線部直後の対比だけで解答を書いた人がいるかもしれませんが、傍線部の「発現の仕方」とは〈あらわれかた〉ですから、*L* **8**の「そもそも」以下に書いてある、動物が本能を現して環境に「適応」していく方法＝〈**b　環境に自分を順応させようとする**〉ということも書くべきです。するとこれと反対に、**人間が環境を改変して**、**「有利な環境条件を積極的に形成しようとする」**（d・e）も入れなければならないということになります。

相違点説明問題は決して難しい問題ではありません。**対比**の構造をきちんと読み取り、書きかたのルールを守って、どこを使うと**対比**的な解答になるかを考えていけ

ば、いい解答が書けるはずです。逆にいえば、そういう意識がないと、まとまりのない、ポイントの抜けた解答になってしまうということです。注意してください。

問二　傍線部の内容説明問題

採点のポイント　計10点

a　生物として　……**3点**
＊たんに「人間」は不可。

b　個体的、種的な生存　……**3点**
＊「個体」と「種」のどちらかがないものは2点減。

c　ムズ　本能が指示する範囲　……**4点**
＊たんに「欲求充足（の範囲）」「直接の知覚によって構成される」は2点。
＊*L*6「生物……範囲」をそのまま抜き出したものは3点。

「人間」は傍線部の「世界」から「脱却」したのですから、この「世界」は、現時点では人間以外の生物が存在する「世界」です。するとそれは、**「生物としての個体的また種的な存続のための欲求充足の範囲内」**（*L*6　a・b）と同じことになるでしょう。

また「人間」が「脱却」した世界ということから考えると、**「生物としての……欲求充足の範囲」**（*L*8　b）も、同じ「世界」を指しているといえるでしょう。「人間」はこの「範囲」を「はるかに超え」ていくわけですからね。

また動物たちの存在する世界として**「生物的生存の本能が指示する範囲」**（c）も同内容になります。

またa・bだけではなく、cの「本能」のことを入れると、解答の要素がふえます。梅POINTでもいいましたが、短い記述問題でも**内容の重複を避けながら、できるだけ複数の箇所を使い、ポイントが多くなる**ように心がけましょう。**〈地固め編〉p.52例題4**

生徒の解答と採点例

○a：3点　○b：3点

生物としての個体的種的な存続の

欲求を充たすだけの狭いあり方。

△ c：2点

8点

問三　傍線部の理由説明問題

採点のポイント　計16点

a　人間の本能とロゴスの間には大きな隔絶がある……5点
＊たんに「人間は本能とともにロゴスをもつ」は2点。
b　それに応じて人間の思念する世界のあり方と自身の生き方は真理とそうでないものとの間を揺れ動く……6点
＊「それに応じて」がないものは、2点減。
c　ムズ　死の自覚がそれを一層複雑にする……5点
＊「一層」や「より」のニュアンスがないものは1点減。

今回のメインの問題ですが、難しい問題です。やはり設問のなかで一番難しいのは理由説明問題ですから、ここは落ち着いて問題文の論理を読解し、それをもとに解答を構成していかなければなりません。

その出発点として、まず傍線部の意味を確認します。傍線部の「この」は「積極的な意味」という語についているので、同じ語句がついている傍線部直前の「人間が『ロゴスをもつ動物』」であることを指していると考えられます。また「一義的＝単純」ですから、傍線部の述部は〈単純に安定してはいない〉＝〈不安定〉だ、ということです。

すると傍線部全体は〈**ロゴス（を持つということ）は、人間を不安定にする**〉という意味になり、その**理由**を考えよ、というのが、この設問だということになります。〈**地固め編**〉**p.48例題4**の梅POINTにも書いたように、**理由は主語の性質のなかにある**のでしたね。ということはこの不安定さの**理由**は「ロゴス」に関係があるということになります。

ではここから本格的に**理由**を考えていきましょう。その際に、

梅 POINT　理由説明問題も基本的には傍線部内容説明問題と同じように、傍線部のイイカエ部分と傍線部をつなぎ、その付近に理由を探るべし。

ということを意識してください。すると、傍線部の述部「一義的に安定したものではない」＝〈不安定〉というイメージと、L33の「大きな差異の幅がある」や、L35の「同じ大きな幅を揺れ動く」が似た表現ですから、この部分に注目していくとよいです。そこに書かれた「ロゴス」をもった人間についての論点は、

> a　ロゴスと人間の生物的生存の本能との間には大きな隔絶（差異）がある
> ↓
> b　それに応じて人間の思念する世界のあり方と自身の生き方は真の理に適うものと適わないものとの間を揺れ動く

ということです。これはロゴスの性質であり、それゆえに本能との間で葛藤が生じ、こうしたい、でもいけない、こうすべきだ、とか生きかたが揺れ、ときには正しくないことをしてしまったりする、つまり「真の理」に適わない生きかたを選んでしまったりする、人間の不安定なありかたを示しています。そしてそれは本能に身を任せておけばよい生物にはあり得ないことでしょう。だから人間は「安定しない」。ここに傍線部との因果関係が成り立ちます。

ただしこれだけで終わってはいけません。英語の「and」に当たる「そして」（L36）に注目してください。その直後の「この」に着目してください。この二つの言葉はL36から始まる第6段落が第5段落を受けていることを示しています。そしてそこには、この**揺れ動き（b）は「『死すべきもの』であることの自覚」によって「さらに複雑」になる**（c）とあるのです。理性的な生きかたをしようとしていても、もし〈あなたはあと三か月の命です〉といわれたら、それでも理性的でいられるでしょうか。僕なんか、メチャメチャしたるで！　となるかもしれません。幸か不幸か、ロゴスや言葉をもち思考を行う人間だけが、自分の死を想像し怖れることができるのです。このことが、たとえば短い人生なのに、こんな生きかたでいいのか、とか悩み、人間の生きかたを

不安定なものにするのです。この「自覚」も「ロゴス」がもたらすので、傍線部の**理由**・原因です。

また理由説明問題では、**傍線部（の述語）や問いかけにスムーズにつながっていくのがいい解答**でした。**c**を最後に書き、「複雑にする」というような述語を後ろにもってくると、「複雑」→「不安定」（傍線部の述部の内容）というつながりができて、ナイスです。

どうでしたか？　問題文に示された**因果関係**を読み取ることができましたか？　このように、傍線部の前後だけではなく、段落冒頭の指示語や接続語を確認することで、傍線部の内容がどのように他の部分とつながっているかを確認することができます。つまり、つながり＝論理、を追っていくことで、解答の要素が確かめられ、解答の内容が広がっていきます。そしてつかんだ論理を正確に反映するためには、どのように解答を構成し、表現すればよいかという、解答の構成力・表現力が必要です。そこでは語彙力なども必要になるでしょう。

でも、そのためにはまず問題文の論理がたどれなければなりません。そしてこうした、広い視野で論理を追うことを求める大学がふえています。その典型的な例が、東大などの出題する「本文全体の趣旨（論旨）に即し（をふまえ）て」という条件を課す問題です。これについては❹でやってもらいましたが、こうした論理のつながりを追うことができれば、対応できる問題です。

6 評論

「悲劇の先駆者」

九州大学（改）

別冊（問題）p.36

解答例

問1

通常の社会では諸領域の価値意識が複合化し安定した全体性を作っているが、社会の激動期にはその結びつきが弱まり、一領域において突出した先覚者が他の牽制を受けずに個性を発揮しうるから。

10点

問2

ある領域における先駆者が、他領域の価値と闘い挫折すること。

6点

問3

現実的な世界を超克し芸術の世界に没入しようとしたが、実は現実の生活から逃れることができないままに、既成の伝統的権威に挑戦し、印象主義との遭遇によって覚醒し形成された浪漫的幻想を表出しようとした美意識。

10点

問4

芸術と生活の格闘だけでなく、芸術的な美意識と現実的な倫理感との内的葛藤を抱えながら、家族を養うことに失敗し芸術的にも疲弊して、病に倒れ死んだ青木が、自らに向かうべき怨恨と呪詛を抱きながら、この世に対する怨恨と呪詛を記しつつ、同時に自分を見棄てた家族を頼り、死後の平安を想っている点。

14点

ムズ 問3　大ムズ 問4　合格点 20点　／40点

問題文ナビ

読解のポイント

・先覚者は、時代の文化や価値観と闘わなければならない
↓
・過渡期の時代において、自分のなかにあった価値観の分裂に、青木繁は苦しんだ

問題文は、話題の上から、「先覚者」の生について述べた第7段落までと、青木繁の人生について語り始める第8段落（L30）以降に分けることができます。問題文を二つに分けて見ていきましょう。

I　先覚者と時代（冒頭〜L29）

先覚者とは時代に先駆けて何かをなす人間です。でも時代を超えようとするがゆえに、既存の時代の文化や価値観と対立せざるを得ません。

一つの時代の価値意識・価値観は、ふつうの人（＝「常民」）の平均的な生活を基盤として、目に見えるものや目には見えない感性などを包みこんでつくられていきます。そして一度つくられた価値観は、そう簡単には形（＝形相性）を変えようとはしない強固なものとなります。そして生活・倫理・学問・政治経済・宗教など、多様な文化領域の価値意識はそれぞれ自分の領域で自立しつつも「牽制し（＝引き合い）」（L7）合い、文化の総体を形作り、「時代精神」（L11）を形成します。

それらは戦争や革命といった大きな社会変動によって破壊されることがありますが、そうしたときには、時代の先覚者は既成の価値観から解放され活躍しやすい。たとえば幕末の動乱のなか、「直情径行（＝自分の思い通りに行動しようとするさま）」（L16）の若者たちが活躍できたのはそのためです。そういう意味では彼らは幸せでした。

でもふつうの時代にはそうはいきません。安定した価値意識のなかで、有為（＝才能のある）の先覚者は既存

6

の価値観や文化領域からの圧力、「制御」(L20)を受けます。

このように、時代を超える新しい認識は、「秀《すぐ》れた個人」(L23)によってしかもたらされないのですが、その認識が認められるためには、世の中の価値観にあまり違和感なく受け入れられなければなりません。でも新しい認識は、既存の価値観を超えるからこそ新しいのです。違和感なく受け入れられるものは真に新しいものとはいえない。そして真に新しい認識を阻《はば》むのは、たとえば地動説を唱えたガリレオの科学的認識のように、既存の科学の領域ではなく、他の領域＝宗教や生活上の価値観であり、こうした「他の領域からの牽制」(L28)によって挫折していくことが多いのです。

Ⅱ 青木繁の悲劇(L30～ラスト)

テーマ 芸術

近代は合理主義が思想の中核です。そこでは理性にもとづいた対象の分析が求められます。また近代思想のもう一つの中心である個人主義では、個性・独創性が重んじられます。とくに個人主義的な風潮が芸術の世界に影響を与えると、画家は外部世界や他者を遮断し、自分独自の世界を追究するようになります。そうなるとおのずから内面世界が重要になります。合理主義が重んじる理性も精神の一部ですから、近代は内面重視、精神世界重視という傾向を帯びます。

そうしたなかで、外部より内部、表面的な技巧よりも本質的内容、という価値観が現れてくるのです。

また、**芸術**に関わる営みは、理性の枠には収まらないものです。合理主義的な近代社会では芸術は排除されます。またそれゆえ、理性主義的なものに反抗することが**芸術**であるという自覚が、芸術家のなかに芽生えます。そして基本的に**芸術**は、自らの内面からもう一つの現実＝非現実・非日常を作り出し、人々をそこへ誘うものです。その意味で日常生活の安定を脅かすものでもあります。近代において、**芸術**の反社会性とそれへの警戒心はこうして拡大されていきました。

このように、芸術は反社会的な要素を含みます。なので「生活の法則と背馳《はいち》する(＝そむく)もの」になります。つまり芸術はもともと生活上のきまりや既成の価値観と「角逐(＝争う)」(L32)するものなのです。

そして、そうした他領域の既成の価値観と闘った芸術家の一人として、筆者は明治の洋画家、青木繁を挙げています（これだけ青木繁について大きく採り上げているので、青木繁を例として考えるよりは、作家論として青木繁という人間像が後半のテーマだ、と考えるべきです）。

青木繁は「海の幸」などの作品で「浪漫《ロマン》的幻想」（L37）を描き、当時の画壇に挑戦したのですが、彼を押しつぶしたのは絵画だけではなく、「生活」という「他領域」だったのです。彼は父の死によって家族を養わなければならなくなった。ハルトマンのいう「仮象（＝仮の姿、先に書いたことでいえば〈非現実・非日常〉）」である芸術の世界に生きようとしていたのですが、家族を見棄てることができませんでした。

つまり青木の闘いは「非実際な（＝非現実をつくろうとする）芸術」と「実際（＝現実生活）」（L43）との闘いだったのですが、実は青木の内面のなかの闘いでもありました。青木には「父から伝えられた漢学の素養」（L45）がありました。漢学には「孝」の概念のように、親や家族を愛するべきだとする教えがあります。それゆえ「漢学の素養」＋「骨肉（＝血族）の愛を一切の価値の源泉とみなす現実的な倫理」が、「美意識」を追究しようとした彼の前に立ちはだかるのです。「倫理観と美意識」（L49）は彼のなかに共存しており、どちらを棄てることもできません。古い日本から新しい文明開化の日本へと移り変わる「過渡期」（L50）を生きた青木繁だからこそ、相反する二つの価値観が分けられないものとして、彼の内部に存在したのです。そして彼は家族を支えようとして失敗し、哀切な遺言めいた手紙を残し死んでいきます。その手紙に書かれた「怨恨《えんこん》」と「呪詛《じゅそ》」は、ほかでもなく、古い倫理観を棄てられなかった彼自身に向けられていると筆者は考えています。彼の芸術の敵は、彼自身の内部にあったのです。

ちなみにこの問題文の筆者である高橋和巳は、今は名前を聞かなくなったかもしれませんが、60～70年代にかけて若者の圧倒的支持を受けた作家です。新興宗教の破滅を描いた『邪宗門』は、名作です。

ひとこと要約

芸術的先駆者こそ他領域の価値観との闘いを強いられる存在だ。

6

200字要約

社会を構成する諸領域の価値観は安定を志向し互いに牽引し合う。そのためある領域において価値意識の変革を目指す先覚者は、他領域からの牽制に躓くことが多い。芸術はその最たるものであり、新しい美意識において画壇の伝統的権威に挑戦した青木繁は、画壇だけではなく家族を養うという現実生活上の倫理とのはざまで苦悩した。その倫理は彼の内部にあったものであり、過渡期を生きた彼の芸術の敵は彼の内部に存在したのである。

（199字）

要約のポイント

計30点

a 社会を構成する諸領域の価値観は安定を志向する ……5点

＊一つの領域の問題として書いているものは2点減。

b ある領域において価値意識の変革を目指す先覚者は、他領域からの牽制に躓く ……5点

＊「先覚者（先駆者）」の説明がないものは3点減。

c 芸術はその最たるものである ……5点

d 青木繁は新しい美意識において画壇の伝統的権威に挑戦した ……4点

＊「新しい美意識」は「浪漫的幻想」でも可。「挑戦」は「対立」も可。

e 画壇だけではなく家族を養うという現実生活上の倫理とのはざまで苦悩した ……5点

＊青木が芸術と家族を養うという二つの価値観の間で苦悩した、という内容があればよい。

f 彼の芸術の敵は彼の内部に存在した ……6点

＊たんに「芸術と生活の格闘」は2点。

＊たんに「eの倫理は青木の内部に存在した」は3点。

設問ナビ

問1　傍線部の理由説明問題

採点のポイント

計10点

a 通常の社会では諸領域の価値意識が複合化し安定した全体性を作っている ……2点

＊〈社会では複数の領域が結びついている〉という内容があればよい。

b 社会の激動期にはaの結びつきが弱まる ……3点

c ムズ 一領域において突出した先覚者が他の牽制を受けない ……3点
＊「一領域」という点が必須。
d 個性を発揮しうる ……2点
＊「個性を花咲かせる」も可（比喩的だが慣用的な表現なので許容）。

まず「戦争や革命」が主語といえます。**それらの性質が理由**です。ではそうしたことがあり社会が揺さぶられる時代は、誰にとって「幸運な時代」なのか？ それは傍線部Aのあとに書かれている「英雄や志士」にとってです。「戦争」の性質を説明し、彼らのこととつなげれば、**主語と述語が結びつく**ので解答になります。〈**地固め編**〉**p.48例題4**の梅POINTを思い出してください。

まず「戦争」などの性質を問題文に探りましょう。「戦争」などはその時代の「社会を形成する複合的な個別価値相互の牽引力」を「弱」（L13）らせます。これに関しては、**ふつうの社会では諸領域の価値意識が複合化し（重畳し・牽引し）安定した全体性を作っている**（a）というふうに、ふつうの時代はどうなっているかをきちんと説明したあとに、戦争などの激動は**その結びつき（力）を弱める**（b）、と説明したほうがわかりやすい解答になります。bは「激動期（理由説明なので、傍線部の戦争／革命も可）には諸領域において複合化した価値意識が弱まる」という書きかたでもいいです。

そして「戦争」などのときは「英雄や志士」が**「他（＝他の領域）からの牽制を受けることが少《すくな》い」**（c）ため、**個性を発揮できる**（d）のです。「英雄や志士」は、彼らの性格を示すために、L14などを使って**一つの部分（領域）で突出した存在**（c）だと説明したほうがより詳しい説明になります。a〜dを**理由**としてまとめるとつぎのようになります。この順序で解答を書きましょう。

a **通常の社会では諸領域の価値意識が複合化し（安定した全体性を作っ）ている**
↓
b **戦争などがaの結びつきを弱める**
↓
c **戦争などがあると、一領域において突出した先覚**

6

者が他の牽制を受けずにすむ
↓
d **彼らは個性を発揮しうる**
↓
「幸運」（傍線部**A**）

問2 傍線部に関する内容説明問題

採点のポイント 計6点

a ムズ ある領域における ……1点
* 「ある領域」は「専門領域」なども可。

b 先駆者が ……2点
* 「先覚者」「新地平を開拓しようとする人」なども可。

c 他領域の価値と闘い挫折する ……3点
* 「他領域の価値との葛藤に躓く」も可。

傍線部**B**の前の「こと」が傍線部の主語です。この「こと」は〈そのこと〉ぐらいの意味です。すると傍線部の直前の内容＝〈先駆者が躓くのは後者においてであること〉、というのが答えるべき「何」の中心になります。そして「後者」は「他の領域からの牽制」です。すると答えは〈先駆者（**b**）が躓くのは他の領域からの牽制においてである（**c**）こと〉となりますが、「他の領域」との対比上、「先覚者」が〈ある一領域での（**a**）先覚者（**b**）〉であることを説明すると、一を他が圧迫する感じが出ます。短い記述問題は「ラッキーッ！」と思いがちですが、言葉を短くするための、**イイカエ**る語彙力が要求されます。気をつけてください。

問3 傍線部の内容と表現に関する説明問題

採点のポイント 計10点

a 現実的な世界を超克する ……1点
* 「物の社会を超え」などは不可。

b 芸術の世界に没入しようとした ……2点
* 「仮象の世界の旗手たらんとした」はわかりにくいので1点減。

c ムズ 実は現実の生活から逃れることができない ……2点

＊「現実（的）に敗北した」「親兄弟を養う」なども可。
＊「芸術の泉を涸《か》らされた」は比喩的でわかりにくいので不可。
d 既成の伝統的権威に挑戦し ……2点
＊「既成の価値観と戦う」なども可。
e （印象主義との遭遇によって覚醒し形成された）浪漫的幻想 ……1点
f eを表出／表現しようとした（美意識） ……2点
＊eが0点の場合fは与えられない。
＊文末は「美意識」でなくても、適切な動詞で終わっていればよい。
（解答例字数 100字）

青木の「解放された」「美意識（＝青木の「美」への意識）」が説明されているのは、「印象主義との……挑戦的に表出すること」（L36）という部分ぐらいしかないってわかりましたか？「解放」のニュアンスを出すためにも、**西洋の「印象主義」との出会い**（**e**）、**浪漫的幻想を表現しようとして**（**f**）、**既存の画壇に「挑戦」した**（**d**）、は入れましょう。

問題は傍線部**C**の「はず」という表現です。設問もなんで「はず」といっているか、その理由を書け、といっていることを意識してください。

梅POINT 設問文の条件を理解することが、解答要素を作り出すと心得よ。

あんまりいい例じゃないですが、「できたはずの試験」っていうのは、現実には〈できたと思ったのに、できなかった……〉という意味です。だから青木もほんとうには「解放」されなかった。父が死に、家族を養わなければならず、それを自分が行うべきだという倫理感があり、「芸術の泉を涸《か》らされ」（L52）てしまったからです。するとこの「はず」といっている理由を書くためには〈できたと思ったのに、できなかった〉という構造に合わせ、ハルトマンの言葉に感銘を受け、**現実（＝「物の社会」）を超え芸術世界（＝「仮象の世界」）の「旗手」になるぞと思ったのに、現実の生活の要求に敗北した**（**a・b・c**）、ということを、比喩を使わずに説明できればいいとわかります。

ただこの設問は傍線部の説明部分と「はず」という表現を用いた理由を説明する部分の内容が重なり（たとえ

ばbとd～f）、それらをどう書き分けるかが難しい設問です。〈**解答例**〉では「美意識」のほうを具体的に書くことで書き分けましたが、**d・e・f**を抽象化して「西洋絵画との出会いを通じて既成の芸術を批判し、独自の絵画世界を構築しよう（新しい表現を模索しよう）とする美意識」というのもいいと思います。書く順番は「**d・e・f**を目指したが、実は**c**のまま、**a・b**をしようとする美意識」というのもアリです。

生徒の解答と採点例

伝統的な権威によって安定する画壇に対して挑戦し、ローマン的な作品を次々と描き仮象の世界の旗手となり、一家を成そうとしていたのに、父の死によって親兄弟を養わねばならなくなり凋らされていった美意識。

○d…2点　○e…1点　○f…2点　△b…1点　○c…2点　×(c)

8点

問4　傍線部に関する内容説明問題

採点のポイント　計14点

- **a**　芸術と生活の格闘……2点
- **b**　芸術的な美意識と現実的な倫理感との内的葛藤を抱えた……2点
- **c**　家族を養うことに失敗した……2点
  ＊「家族に見棄てられた」は可。
- **d**　芸術的にも疲弊した……2点

＊「芸術の泉を涸らした」は不可。

e 病に倒れ死んだ ……2点

＊「病に倒れ」「死んだ」のどちらかがあればよい。

f ムズ 自らに向かうべき怨恨と呪詛を抱く ……1点

＊「自分を呪った」も可。

＊「怨恨」「呪詛」はどちらかあればよい。

g この世に対する怨恨と呪詛を記した ……1点

＊「芸術的挫折を悔やんだ」「家族を恨んだ」は1点。

h ムズ 自分を見棄てた家族を頼った ……2点

＊文末は「点」「こと」でなくても、適切な動詞で終わっていればよい。

（解答例字数 141字）

　傍線部の直前にあるように「内部に角逐する二つの価値をもちつづけた」ことが「矛盾」につながります。そしてこの**「二つの価値」とは、家族愛を価値の源と考える倫理**（①）**と浪漫的幻想を表現したいという美意識**（②）（a・b）のことを指しています。そしてこの二つの価値の間で引き裂かれたことが、設問文で要求されている「悲劇」であり「矛盾」です。だからこの状態と手紙の内容にある「矛盾」とを結びつけて書けば、設問が求める「悲劇」を踏まえて（＝「悲劇」と関連させて）、手紙の「矛盾」を説明するという要求に答えることになります。

　ただし手紙を見ると②に関することに直接触れている箇所はありません。「此の世の怨恨と憤懣《ふんまん》と呪詛」のなかにさまざまな思いが含まれているのでしょうが、筆者は問題文の最後で「怨恨や呪詛」は青木自身に向かわざるを得ないと書いています。とすれば「怨恨」を「此の世」にだけ向けるのは「矛盾（＝理屈に合わないこと）」です。よって解答にはfとgの「矛盾」を書くべきです。

　そしてこの「怨恨」が、①を自分の倫理として生きたにもかかわらず失敗し、「家族からも見棄てられて」（L53）しまったことを含むことは、問題文からも推測できることです。にもかかわらず彼はこの手紙のなかで、家族に自らの死後を託しています。家族愛に生き、**そして見棄てられた**（c）、にもかかわらず**家族に最期を託す**（h）、ここには①と②の「矛盾」を抱えながら、生きた果てにたどり着いた「矛盾」が見られます。これらのことを筆者は「極限的な矛盾」といっているのだと考えられます。そしてこれらの「矛盾」は、死んでいく青木が到達した、永遠に解消し得ないものだからこそ、「極限的な矛盾」なのだと考えられます。つまり傍線部の「矛盾」とは、①と②の「矛盾」が「悲劇」を経て、生の「極限」までたどり着いたときに「表出」された、つまり表れ出た「矛盾」なのです。これが「手紙」に見られる「矛盾表出」です。

またそう考えると、「怨恨」という暗い感情をもちながらも、その果てに「平安なる眠り」を求めていることも、①と②の「矛盾」が最終的にたどり着いた「極限的な矛盾」を表しているともいえます。①と②の「矛盾」の果てに、「呪詛」と「平安」への願いとが併存しているのです。「捨てて」（L60）と記されていますが、これは〈そうなることを望んでいる〉ということであり、その時点で捨てられたわけではありませんから、「呪詛」を「平安なる眠り」へと昇華（＝一段高い次元へと高められること）させたいという願いは、「矛盾」を抱えている状態だともいえるでしょう（ただし、これは〈**解答例**〉には含めましたが、「捨てて」をそのまま受けとれば「矛盾」はないともいえるので、ポイントにはしません）。

こうしたことを確認し、設問の条件である「青木繁の悲劇」についても「具体的に」見ていきましょう。

青木の悲劇は先に挙げた二つの価値の矛盾に関連したものですから、つぎのようにまとめることができます。

a・b　芸術と生活の格闘、芸術的な美意識と現実的な倫理感との内的葛藤があった
c　家族を養うことに失敗した
d　芸術的にも疲弊した
e　病に倒れ死んだ

「世俗的な努力の一切に失敗した」は、c＋d＝1点。設問文の「具体的に」は傍線部と手紙の関連だけではなく、「悲劇」も「具体的に」説明せよ、とも読めるので、まとめすぎないほうがいいです。

傍線部の説明と「悲劇」の説明は、a～cでつながるのですが、青木の「悲劇」をもとに、手紙に示された「矛盾」を考えて説明するのが、難しい問題です。

7

随筆

「風聞の身体」

名古屋大学（改）

別冊（問題） p.44

解答例

問一

熊は、神が毛皮や肉を人間へと送り届けるために神の化身として現れたものだが、対等な形で狩猟を行い、人間はその熊を贈与として感謝しつつ戴き、それに対する感謝と返礼として歌や踊りを捧げ、熊の魂を天上界へと送りかえすという形。

12点

問二

武器を持たずに危険な行為を行う無謀さを意味する「無鉄砲」という言葉を、鉄砲を放棄する繊細な感覚を持ち熊に近づくという異なる意味で用いたから。

10点

問三

繊細な意識と身体感覚を裸のまま野生のなかに解放し、神の化身である熊との間に成立しうる前言語的・直覚的な関係性に自らを開き、野生のリアリティに近づこうとするさま。

10点

問四

繊細で純粋な感情と思惟の統合した身体を通じ野生のリアリティに深く近づこうとする人間の意識と、人間の意思や配慮ととは独立して存在する野生の意識。

8点

ムズ 問四

合格点 23点

／40点

問題文ナビ

読解のポイント

・エカシは、人間が野生に対して持ちうる、繊細で純粋な感情と考えを通して熊と交感していた

＝

・コーラ族の狩人たちは動物の身体に転生することで、自分の身体を野生に差し出す儀礼を行っていた

問題文は最後から三つ目の段落（L55）で、話題がエカシからコーラ族の祭りに転換するので、そこを分かれ目として、問題文を二つに分けて見ていきましょう。

I　エカシの感性と精神（冒頭～L53）

石狩アイヌのエカシは、筆者に熊狩りの話を始めます。熊は神であり、熊狩りは人間が、人間を超えるものと関係することです。でもそれは、たんに熊を食糧とするという物質的な側面だけではなく、精神的な側面もも

っています。筆者はそれを、「普遍経済」（L8）という言葉を用いて説明していますが、この言葉はバタイユというフランスの哲学者が、〈生命のあふれ出るエネルギーのやりとり〉というような意味で使った言葉です。エカシは、ただ熊をしとめたいのではありません。その関係は「互酬性（＝互いにやりとりするさま）」（L12）を前提としていますが、そこにエネルギーのやりとりがあるのです。付け加えれば、傍線部①の「自律的な対称性」（L25）も「互酬性」と似た意味と考えてよいです（**設問ナビ** **問一**参照）。

そのやりとりはたんに神の化身である熊を射止めたあと、儀礼として熊の魂を天上界に送り返すだけではありません。エカシ個人としてのエネルギーは、「無鉄砲」という言葉に表れています。彼は武器を何ももたず、熊と出会い、熊の野生に近づくことを望んでいるのです。それはエカシのもつエネルギーと野生の熊のエネルギーとの出会いであり、交感なのです。そのときに言葉など入り込む余地はない（＝「前言語的」（L41））状態です。「無鉄砲」であることは、エカシにとっては向こう見ずな行為ではなく、熊という野生と「交感」（L52）し、自然との物質的、精神的交渉が成り立つために身体を差し出すことなのです。そして、そうしたエカシたちの意識の風景が、筆者には自らの視界のなかに開けてくるように思えたのです。

Ⅱ コーラ族の儀礼（L55～ラスト）

コーラ族の儀礼は**例**として挙げられているので、その**まとめ**の部分を確認しましょう。それは最終段落冒頭（L70）の「儀礼的な動物的身体への転生を通じて、インディオの狩人の身体意識へと浸透しようとしていた」という部分です。この部分は祭りに参加した筆者たちの立場から書かれていますが、コーラ族の人々も〈儀礼を通じて動物の身体へと転生する〉のです。そのことは、「野生のテリトリー（＝なわばり・領域）へと自ら赴くことで、それらを狩猟するための秘儀的な（＝秘密めいた）身体があらたに創成された」（L75）という部分が、先に引用した*L*70とほぼ同じことを述べていることからもいえます。

するとコーラ族の人々や筆者は、エカシと同じように、儀式のなかで動物の身体と一つになることで、「自

らの身体を野生（の世界）に差しだし」（L78）、動物と対等の立場で戦う身体をゲットしたのです。ここから、

> エカシ
> ＝…野生へと生身の身体を差し出す
> コーラ族の狩人

ということがわかります。つまり問題文の前半と後半は、同様のことを語っているのです。そして身体を野生に差し出すとき、「野生とのチューニング」（L76）が起こり、人間の身体は野生のなかに放たれ、野生と「同調」（L85）します。その人間と野生の「相互浸透」（L86）のなかで、意識には日常の現実とは異なった「リアル」（L86）さが現れてくるのですが、これはエカシが求めた「野生のリアリティ」（L39）でもあるでしょう。

ちなみにこの文章の**Ⅰ**の部分は東大でも出題されましたが、本の名前は『薄墨色の文法』といいます。問題文の最後にもこの言葉が出てきますが、これは**注**にあるように、〈民衆の日常の生活作法、即興的な閃《ひらめ》きのような知恵〉のことで、筆者独特の表現です。こうした表現で、「正しいだけで硬直化した言語と行為の文法（＝スタイル）」を相対化したかったと筆者は述べています。それをこの文章に即していえば、筆者が人間としてのありかたから解放され、野生の感覚に身体を浸したかった、ということでしょう。スゴイですよね。解答には使わないほうがよい言葉ですけど。

テーマ　文化人類学

文化人類学の話をする前に、まず「人類学」の話をしましょう。「人類学」はそれこそ「人類」を研究するので、すごく広い範囲を研究対象とします。そのなかでも人類の生物学的な発達などを研究する分野を自然人類学といいます。これに対して、「文化」を中心に人間を研究していこうというのが**文化人類学**です。その研究方法はインタビューや実際に調査する集団などと生活をともにする参与観察がメインです。筆者がコーラ族の祭りに参加しているのは、まさしく参与観察です。

ただし、文化人類学は埋もれていた文化の可能性を探り当てるものである反面、ひっそりと続いてきた文化のありかたに変化をもたらすこともあるので、研究する側の慎重さや倫理が求められる分野でもあります。

ひとこと要約

人が野生と、身体を通して交感するとき、真のリアリティが見えてくる。

200字要約

人間が人間を超えるものとのあいだに創りあげる物質的で精神的な交渉は、捕食者と獲物という一方的な搾取関係ではなく、互酬性という観念にもとづく贈与経済的なものである。野生にたいする繊細で純粋な感情と思惟を統合した状態において、武器を持たず、異種の生命体の身体の領域に人間が接近してゆくとき、人間と野生との相互浸透のなかで智慧と感情を交わし合うことができ、そこにおいて人は真のリアリティに近づけるのである。（200字）

要約のポイント

計30点

a 人間が人間を超えるものとのあいだに創りあげる物質的で精神的な交渉 ……4点

＊「精神的」があればよい。

＊「態」に限定して書いたものは2点。

b 互酬性という観念にもとづく贈与経済的なものである ……4点

＊「互酬性」か「贈与経済的」のどちらかがあればよい。

＊たんに「捕食者と獲物という一方的な搾取関係ではない」は2点。

c （野生にたいする）繊細で純粋な感情と思惟を統合した ……3点

＊「繊細」「純粋」「慎重」に該当する語句がないものは1点減。

d 武器を持たない ……3点

e 異種の生命体の身体の領域に人間が接近してゆく ……4点

＊「意識と身体を野生に解放する」「動物的身体へと転生する」なども可。

f 人間と野生との相互浸透 ……4点

＊「直覚的関係」は可。

＊「秘儀的な身体が創成される」「調律」は1点。

＊「前言語的関係」のみは不可。

g 智慧と感情を交わし合う ……4点

h （そこにおいて）人は真のリアリティに近づける ……4点

＊「リアルな意識が生じる」なども可。

＊g・hはfが0点の場合は不可。

設問ナビ

問一　傍線部の内容説明問題

採点のポイント　計12点

a　熊は、神が毛皮や肉を人間へと送り届ける……1点
＊「毛皮」「肉」はどちらかあればよい。

b　ムズ　熊は神の化身である……2点
＊「神」と「熊」の関係が示されていればよい。

c　対等に／交感しつつ……2点

d　狩猟を行うことによって……1点
＊「熊狩りをする」なども可。

e　人間はその熊を贈与として感謝しつつ戴く……2点

f　それに対する感謝と返礼として歌や踊りを捧げる……2点
＊「感謝／返礼」、「歌／踊り」はどちらも片方あれば可。

g　熊の魂を天上界へと送りかえす……2点

傍線部①の「自律（＝他に支配されず、自分の意志で行動すること）的な対称性」は、「対称」が〈互いに対応してバランスがとれていること〉なので、アイヌと熊が互いの意志によって対等な関係（c）にあることを示しています。このことは傍線部直前の「搾取的（＝奪い取る）関係から離脱して」という表現からもわかるでしょう。それはアイヌ（＝人間）と熊（＝野生）が対等の関係に立って、知恵と感情を交わし合うことでもあります。それは抽象的なことです。

設問は、こうしたアイヌと熊との関係が「具体的に」はどういう状態をいうのか説明せよ、という問題です。それはどこに書いてあるでしょうか？

ここで先にいったように、傍線部が「搾取的関係」と**対比**されていることに着目してください。そして「搾取関係」という語が*L*12にもあり、そこでは「搾取的関係」が、「互酬性の観念にもとづく純粋に贈与経済的な……」と**対比**されていることに注目してください。すると、

・搾取的関係
⇔
・傍線部＝互酬性の観念にもとづく純粋な贈与経済

であることがわかります。*L* **12**のあとに「そこでは」とあるので、「そこでは」以下に書かれた熊と人間とのやりとりが、「贈与経済」＝傍線部の「間柄」、です。解答の要素は*L* **13**〜*L* **16**（考えられていた）までをまとめたものです。とくに**a**・**e**・**f**・**g**は両者の「対称」的な関係をも説明しています。**熊は神の化身だ**（**b**）という点は、熊の説明であると同時に、熊が神として「自律」し、アイヌと「対称」の位置になることに関わるといえるので書いておくべきです。

また設問に「具体的に」とあるので、「人間と野生」「普遍経済」「統合的なコミュニケーション」「贈与経済」などの抽象的な表現は使うべきではないです。〈アイヌと熊が対等／鉄砲をもたない〉などは「対称」の意味があると認め、**c**2点。

「一〇〇字程度」という字数条件で、解答欄が一一〇字分あります。一〇〇字プラスマイナス一〇字ぐらいの間で書けばいいでしょう。

問二 傍線部の理由説明問題

採点のポイント 計10点

a 武器を持たずに危険な行為を行う無謀さを意味する「無鉄砲」という言葉 ……**5点**

＊「無謀さ（強引・向こう見ず）を意味する」という内容が必須。

＊「武器を持たずに」「危険な行為を行う（熊のいる山に入る、狩りにいく）」がないものは各1点減。

b **ムズ** 鉄砲を放棄する繊細な感覚を持ち熊に近づくという（異なる）意味で用いた ……**5点**

＊bが0点の場合は、全体0点。

＊「鉄砲を持たない」で2点。「繊細／純粋／慎重／謙虚」な感覚／感性で3点。

＊たんに「鉄砲の異物性を示唆する」は不可。

「パロディック」については、設問文に意味が書かれています。〈既存の表現をふまえそれをもじって用いて〉という意味です。「もじる」というのは〈もとの表現を言い換えること〉です。つまりエカシが「既存の表現」を言い換えたのです。その表現とは、エカシが用いた「無鉄砲」という言葉しかないですね。そしてこの言葉が設問文の「それ」であり、これが主語です。すると、エカシの言葉が「パロディック」な**理由**を説明するためには、まず「既存の表現」について説明しなければなりません。つまり「無鉄砲」のもとの意味です。それは*L*33に書かれています。その部分は、〈**a　「無鉄砲」という言葉は武器を持たずに危険な行為を行う無謀さを表す**〉とまとめることができます。

これに対してエカシが「無鉄砲」の意味を「もじって」いることを示せば、設問に答えたことになります。傍線部の前に、「**エカシは『無鉄砲』なる語彙を、『きわめて慎重』で『繊細な感覚』という正反対の意味で使用している**」（**b**　*L*35）と書かれています。「正反対」を入れるべきか迷った人もいると思いますが、この設問は傍線部の内容説明ではなく、なぜ「パロディック」といえるか、という**理由**を問うているので、もとの意味とのズレを示せばいいのです。だからもちろん入れてもかまいませんが、解答全体でズレを示していれば、「正反対」は入れなくてもいいです。〈**解答例**〉では傍線部の「パロディック」とのつながりをつくるために、「異なる」という表現を用いています。

またこのズレは、ふつう武器をもたないことを意味する「無鉄砲」という言葉が、自分の力を過信しているかのような「無謀」さを表しているのに対し、エカシの場合には、「鉄砲を放棄」（*L*39）し相手との関係を深めるための「慎重」さ・「繊細」さを表している、というところにあります。よって**b**では、**鉄砲を放棄することと繊細さの関係**について触れておく必要があります。「パロディック」に「示唆」したのは、傍線部直前にあるように「『鉄砲』という武器の決定的な異物性（＝暴力性・人工性）」なので、このことに関連するという点からも、**鉄砲を放棄することと繊細さとのつながり**、については解答に入れるべき要素です。たんに〈既成の意味と違う使いかたをした〉は**b**1点。

問三　傍線部に関する内容説明問題

採点のポイント　計10点

a　（人間の繊細な）意識／身体／感覚／感情　……2点

＊「繊細な身体感覚を通して」「繊細で純粋な感情と思惟」も可。

b　aを（裸のまま）野生のなかに解放する　……3点

c　神（の化身）である熊（野性／自然）との間に成立しうる前言語的・直覚的、な関係性に自らを開く　……3点

＊〈熊＝神〉が必須。

＊「前言語的」か「直覚的」（あるいは同内容の語句）がないものは1点減。

d　野生のリアリティに近づこうとする　……2点

傍線部の「象徴」は〈ある抽象的なことがらを別の具体物で置き換えて示すこと、またはその具体物そのもの〉という意味です。この問題文のなかで、「象徴」に関係することがらはなんでしょう？　熊です。なぜなら熊は、「神」という目に見えない抽象的な存在が具体的な形を取ったものだからです。

すると「象徴的な交感」とは〈**熊を通して神と感覚的に交わっていること**〉という意味です。なので問題は「熊（神）」と関係していこうとするときの人間の感覚を説明すればよい、ということになります。熊＝神は**問一**でも書きましたが、

梅 POINT　異なる設問（例：問二と問三）での解答内容の重複はOKと心得よ。

それが書いてあるのは傍線部②のあとですね。「繊細な身体感覚を通じて熊の野生のリアリティにより深く近づいてゆく」（a・d *L* 39）、「人間の意識と身体を……開いてゆく」（a・b・c *L* 40）という箇所です。

そして設問文に「文中の言葉を用いて」とあるのに注目。これは**比喩や特殊な言葉を使ってもOK**ということです。だから「前言語的」などを使ってもかまいません。「交感」なので「身体感覚」という言葉を使うのがいいですが、「身体／感覚」・「意識」・「感情」は、問題文ではほぼ同じ意味を表していると考えられるので、どれかを書けばいいです。

7

問四 傍線部の内容説明問題

採点のポイント 計8点

a 繊細で／純粋な感情と思惟の統合した身体を通じ ……**2点**

＊「繊細な身体感覚を通じ」も可。

＊「身体」がないもの（「謙虚」「無防備」のみなど）は不可。

＊たんに「身体的同調」は1点減。

b ムズ 野生のリアリティに深く近づこうとする人間の意識 ……**2点**

c 人間の意思や配慮とは独立して存在する野生の意識 ……**4点**

＊「異種の生命体の身体と意識の領域」も可。

「界面」は〈二つの事物の境界面〉という意味です。

傍線部の前に「人間と野生」とあるので、傍線部の「界面」はこの二つが接する面です。そしてそれは「智慧《ちえ》と感情を交わしあう」「意識の界面」ですから、「意識」同士が接する「界面」だと考えられます。つまり**人間の意識**（**X**）と**野生の意識**（**Y**）との「界面」です。この設問では、この二つの「意識」を説明すればいいのです。

ではまず**人間の意識**（**X**）をもう少し詳しく説明しましょう。傍線部の前をたどると、「意識の界面」では「身体的同調」が成り立つことがわかります。ただこれだけではどういう状態かわかりません。そこでもう少し前の「無鉄砲の状態において繋《つな》がる野生」（L84）という表現に注目してください。傍線部は「野生」と接する事態です。するとここから、そのとき「無鉄砲の状態」であることがわかります。「無鉄砲の状態」は傍線部②前後で、「繊細な感覚」（L36）、「繊細で純粋な感情と思惟の統合状態」（L43）だと説明されています。説明するのは「意識」の状態ですから、〈武器を持たない〉ということは説明としての重要度は低いです。すると〈**a 繊細で純粋な感情と思惟の統合した身体を通じて成立する意識**〉という要素が導かれます。

また傍線部には「リアルな意識」と書かれています。人間の意識が野生と触れ合うとき、日常とは異なるリアリティに接近できることは、エカシに即して「熊の野生のリアリティにより深く近づいてゆく」（L39）と書かれていました。なので〈**b リアリティにより深く近づい**

てゆく〉意識だと書けば、傍線部と関連させて、より丁寧に人間の意識を説明することができます。

つぎに**野生の意識**（**Y**）。これについては「異種の生命体の身体と意識の領域」（L68）という説明があります。そしてこの「異種（＝「野生」）」ということをもう少し詳しく説明した箇所が、**「人間の意思や配慮とは独立して厳然と存在するリアルな『野生』」**（L73）という部分です。ここから**c**のポイントが導き出されます。ここにも「リアル」が出てくるので、傍線部と対応していることがわかりますね。ただ「リアル」は傍線部のなかの表現なので、避けておきましょう。解答は「～が―と接する（界面）。」という書きかたでもいいです。

生徒の解答と採点例

人間の生きる外界に厳然と存在する獣という異種の身体と意識の領域と、慎重かつ謙虚で強靱でありつつ無防備な状態にある人間の意識とが接する界面。

○c…4点

×a（謙虚）

×a（無防備）

「身体」ナシ

4点

8

随筆

「恋愛至上かも知れない」

京都大学（改）

別冊（問題）　p.52

解答例

問一

一般に、智恵や友情や恋は人生にとって重要な意義あるものとして大切に扱われているのに、それらの存在を否定するということは、人生の意味を過小に評価することになり、恐縮する思いもある、ということ。

7点

問二

存在が疑わしい恋愛を存在するように思いこまざるを得ないほど、人生は慰めを必要とする寂しく虚しいものだという点が重要なのだ、ということ。

7点

問三

「至上なる恋愛」も「黄金の壺」もこの世には実在しないものであるが、全力で対象を探求する努力を重ねるならば、対象は手に入らなくても、得難い大切なものを自ずから獲得できる、という点。

9点

問四

恋愛という熱く激しい心理作用は、苦難に満ちた内的葛藤を生じさせ、最後には自我の本質を明瞭に浮かび上がらせることになるから。

7点

問五

恋愛は実在しないかもしれないが、それに憧れ、その存在を信じてひたすら追い求めるというローマン的精神の働きによって、自分の人格の本質を認識させるものであり、人生にとって重大で、至上の価値を持つものだと考えている。

10点

ムズ 問五

合格点 20点

40点

問題文ナビ

読解のポイント

I 恋愛を追い求め、それがないことを突きとめたとき、精神は豊かなものになっている

II 恋愛には自己拡大と自我抛棄《ほうき》との葛藤があるが、最後にはその人の本質が現れる

問題文は、第5段落冒頭（L31）の「ここで注目すべき事には」で、筆者の論点が変化するので、ここを区切りとして問題文を二つに分けて見ていきます。

I 恋愛という幻想の効果（冒頭〜L30）

ハイネの詩は**引用**です。**具体例と同じように扱い**、何をいいたいために引用されたかを考えてください。すると「全くそうかも知れない」と筆者がハイネの詩の内容を肯定しているので、そのあとの「恋愛などというものは……あるのか無いのかわからない」（L7）という部分が**まとめ**だ、と考えていいでしょう。第2段落（L15）冒頭の「要するに」で始まる一文も、引用文の**まとめ**だと考えられます。

つまり恋愛が本当にあったなどというのは、恋愛などないということを見究《きわ》める力がなかったというだけにすぎない、ということです。

でも、「恋」を皮肉っぽく否定するハイネの立場と筆者の考えは、だんだんズレていきます。

人は「ちょっとした指示の上へ何か自分で築き上げる」（L9）、つまり〈人生や相手から投げかけられた示唆やきっかけに、自分の感じた印象や想像などを付け加える〉。そこに「夢」（L10）ができあがる。その夢に浮かされて正気でなくなるのが恋愛なのです。でもそれが恋愛の「身上《しんじょう》（＝とりえ）」です。筆者は恋愛を幽霊に喩《たと》えていますが、その幽霊はさびしく虚《むな》しさの漂う「枯野原」（L12）に出ます。恋愛は私たちの人生に出現しま

す。だとしたら私たちの人生も枯野原のように虚しいものので、だから恋愛という夢を必要とするのです。

もちろん夢は幻想です。でもその幻想が幻想でしかないことを突きとめるところまで至ったとき、それは虚しい人生という「枯野原」を、豊かな土地に変える営みにもなるのです（「立派な開墾地」（L20）とは、〈開拓され、大切なものに満たされた場所〉です）。

恋愛はない。でも、ないということが、恋愛が「至上（＝この上ないもの）」（L25）だといえる根拠なのかもしれません。「逆説的（＝常識に反している）」（L25）に聞こえるかもしれないですが、存在しないものに限りない憧憬（＝あこがれ）を抱くこと、この現実を超えたものを求める「ローマン的精神」、「客観的」に冷静に見ればバカらしい精神においてこそ、人間は「るつぼ（＝金属を高温で溶かすための容器）」のなかに投げ込まれる。つまり自分の内的世界が熱く煮えたぎり、めくるめく事態に出会うのです。それゆえ「恋愛至上などという説（＝恋愛こそが最も重要だという説）」が成り立つ。恋愛という心理の働きは「人生（人間本性の活動）」そのものを示す「象徴的な事件」（L30）なのです。

テーマ　ロマン（浪漫）主義と恋愛

ロマン（浪漫）主義は、現実を超えた世界を目指したり、失われてしまったものを追い求めようとする心情を尊重しようという考えかたで、文学や音楽などさまざまなジャンルで見られます。ヨーロッパでは十九世紀のはじめに現れてきます。人間のリアル（＝現実）も大事だが、それよりも非現実的な世界を追い求めようとする心情には、問題文にあるように、現実にはないかもしれない**恋愛**への志向がマッチします。もともと恋は、性的身体的なものと結びついていたのですが、日本では明治の文学者北村透谷などが、**恋愛**を精神的なものへと純化しようとしました。これは近代の内面重視、精神重視という個人主義的発想と結びついたものだったといえます。

Ⅱ　恋愛と人格（L31〜ラスト）

恋愛の「るつぼ」のなかで、人は自分の精神や感情を変化させますが、そこから、その人間の「地金（＝本質）」が現れてくるのです。ある人は相手を「征服」（L33）する「自我拡大」に情熱を注ぐかもしれません。それはその人の生まれもった性質が、そうした傾向をもっていたからです。またある人はダンテが、想い人であるビアトリスに自分のすべてを捧げたように、「自我拋《ほう》棄《き》」（L38）という本質をあらわにするかもしれません。

でもその二つのタイプは誰の内面にもあるのです。そしてその二つが「相剋《そうこく》（＝せめぎあい）」（L37）の果てに、どちらかが、一段レベルアップした形で「地金」として現れるのです。もちろんどちらが現れても、そこには幸福な「天空」もあれば、「深淵（＝深く暗い底）」もあります。こうした内面の葛藤（＝せめぎ合い）こそが、恋愛という、異なる二つの自分を巻き込んだ熱い「るつぼ」の正体なのです。

ひとこと要約

恋愛とは幻想にすぎないが、それゆえ至高の価値を有する。

200字要約

恋愛というものは実在するものとは言えない。だが、それでも恋愛を求めて行かざるを得ないところに、人生が慰めを必要とするものだということが示されている。そしてその実在しないものに対して無限の憧憬をもって追求する体験にこそ、恋愛の至上の意義があり、恋愛という心理作用は人生を象徴するものなのである。さらにまた、人間はそうした恋愛のなかで内的な葛藤を経験し、自我の本質を明らかにすることにもなるのである。

（198字）

要約のポイント　計30点

a 恋愛というものは実在するものとは言えない……4点

＊「恋愛の存在（正体）は疑わしい」「恋愛は幻想だ」「恋愛は無い」も可。

b それでも恋愛を求めて行かざるを得ない……4点

c 人生は慰めを必要とするものだ……3点

d その実在しないものに対して無限の憧憬をもって追求する……4点

＊「無限の憧憬をもって」「精一ぱいの努力」「ひたすら」などがないものは2点減。

e 恋愛の至上の意義があり……4点

f 恋愛という心理作用は人生を象徴する……3点

g 人間はそうした恋愛のなかで内的な葛藤を経験する……4点

8

＊「自我拡大や自我抛棄との相剋」「内的葛藤が恋愛の本質だ」も可。

h 自我／人格の本質を明らかにすることにもなるのである ……**4点**

＊「本質」は「自我拡大や自我抛棄」でも可。

＊「るつぼ」「地金」を使った場合は2点減。

設問ナビ

問一　傍線部の内容説明問題

採点のポイント　計7点

a 一般に、智恵や友情や恋は人生にとって重要な意義あるものとして大切に扱われている ……**2点**

＊一般的な「恋」に対する考えが述べられていればよい。

＊「宝」という表現を用いたものは1点減。

b それらの存在を否定する ……**2点**

＊「恋愛は幻想だと言う」なども可。

＊たんに「恋愛は伝説だ」は1点。

c ムズ 人生の意味を過小に評価する ……**2点**

＊人生を否定するという意味が述べられていればよい。

d ムズ 恐縮する思いもある ……**1点**

＊「相済まぬ」という心情のイイカエがあればよい。

傍線部の主語はなんでしょう？　それは述部の「言い草（＝言葉・いいかた）」と対応しているはずです。ですが、「言い草」という表現は、その〈いいかた〉やそういった人をけなすときに多く用いられます。だからこの「言い草」は、「此の詩は……本当かも知れない」（L7）といわれている「ハイネの詩」のことではありません。では誰の「言い草」？　この部分に出てくるのは、あとは筆者だけです。そうです。この「言い草」は、傍線部のあとの「此の詩は……本当かも知れない。全くそうかも知れない」という筆者の言葉を指すという、ちょっとめんどい仕組みになっているのです。つまり筆者は、〈恋愛なんかないかもしれない〉という自分のいいかたが、読者や「人生」に失礼に当たると思い、自分の言葉を「言い草」と呼ぶことで、〈こんなことといってごめんなさい、私はダメ人間です〉と、自分をおとしめているのです。すると傍線部は、**恋愛なんかないというハイネ**

の詩を本当だという私の言葉は、人生に対しては相済まぬ（＝まことに申し訳ない）言い草になるかもしれない、という意味になります。ですが、先にいったことからもわかるように、筆者がハイネの詩を引用したのは、**恋愛が**「ない」こと、「幽霊」（L8）や「夢」（L10）、そして**「伝説（＝幻想）」であること**（b L15）を述べたかったからです。ではどうして「恋愛」が幻想だということが、「人生に対しては相済まぬ（＝まことに申し訳ない）言い草」になるのでしょうか。それは**一般的には「（智恵と友情と）恋」は人生にとって意義あるものだと考えられていると筆者が思っている**（a）からでしょう。このaがなければ、筆者に「相済まぬ」という心情が生まれるプロセスがわからなくなります。そういう意味でaは、**傍線部内容説明問題のNo.2の要素、傍線部の事態が生じる前提、必要な条件に該当**します。

そして人生において大事だと思われているものを、実体のない幻想だよ、と否定することは、恋愛だけではなく、**人生自体を否定することになりかねない**（c）から、「人生に対しては相済まぬ」わけです。また、**「どういうことを言おうとしているのか」という設問では、イイカエ・説明はもちろん、筆者の意図や思いを汲《く》んで解答をつくってください。**

なので、一般論と対比される筆者の考えをも解答にできるだけ入れるべきです。

またもちろん**傍線部内容説明のNo.1の要素は、傍線部自体のイイカエ・説明**でしたね。b・cも傍線部の内容の説明に当たる要素ですが、**「相済まぬ」という筆者の心情自体をイイカエる言葉＝「恐縮する」**（d）なども入れるべきです。

問二　傍線部の内容説明問題（指示語問題）

採点のポイント　計7点

a　存在が疑わしい恋愛　……2点
＊「恋愛の正体は疑わしい」「恋愛は存在しない」も可。
b　存在するように思いこまざるを得ない　……2点
＊恋愛というもの（言葉）が存在していると思う、という内容があればよい。
c　人生は慰めを必要とする寂しく虚しいものだ　……2点

8

＊「慰めを必要とする」あるいは「寂しい」「つらい」「虚しい」という内容があればよい。

d ムズ cが重要なのだ ……**1点**

＊dはcが0点の場合与えられない。

設問文では、「ここ」の内容を明らかにして書くことが要求されています。この「ここ」は、「眼目（＝重要な点）」があるところですから、人生の重大な真実が示されている傍線部直前の「正体の疑わしい『恋愛』などというもの乃至《ないし》言葉が何かしら慰めとして存在しているほど、それほど、われわれの人生というものが慰めを要するものがある事」を指していると考えられます。この「ここ」の部分をまとめて表現すれば、**恋愛は正体が疑わしい**（a）、だが**恋愛というもの（言葉）は存在している**（b）、それは**人生が慰めを必要とする虚しいものだからだ**（c）という三つの要素になります。

あとは、これもやはり傍線部内容説明問題なのだということを意識して、「（問題の）眼目」というような表現に対応する**イイカエ**として、解答に、**（人生の）重要な点**（d）、というニュアンスがあればいいです。

問三　傍線部の内容説明問題

採点のポイント　計9点

a ムズ「至上なる恋愛」も「黄金の壺」もこの世には実在しない ……**2点**

＊「実在しない」という両者の共通点が示されていれば可。

b 全力で対象を探求する努力を重ねる ……**3点**

＊「それがないというところまで突きとめた」「精一ぱい努力する」は可。

＊「精一ぱい捜す」は「壺」の話で使われている表現なので1点減。

c ムズ 対象は手に入らなくても ……**1点**

＊「壺も恋愛も手に入らない」は許容。

d ムズ 得難い大切なものを自ずから獲得できる ……**3点**

＊「人生を豊かにする」なども可。

＊「立派な開墾地（開墾された土地）になっている」「巨万の富が得られる」は不可。

「至上なる恋愛」の伝説と「黄金の壺」という「寓話《ぐうわ》」

（＝教訓などをほのめかす話）」との共通点が問われています。まず「至上なる恋愛」と「黄金の壺」の共通点は、**どちらもこの世には実在しない**（a）、ということです。恋愛は「伝説」（L15）ですし、「人生の宝のような恋愛は無いのかも知れぬ――いや、無い」（L24）ものです。「黄金の壺」についてはストレートに、「黄金の壺はない」（L22）と書かれています。だから両方ともこの世にはない、といえます。

　これをふまえて両者について他の共通点を意識しながら問題文を見ていきましょう。黄金の壺の話について書かれている*L*16〜と、恋愛について書かれた*L*24〜の段落の内容をまとめると、つぎのようになります。

・黄金の壺…「それがないというところまで突きとめた時には、彼の胸は開墾された土地になっているであろう」→壺自体は見つからなくても、あると信じてとことん追求していくと、豊かな何かを手に入れているだろう

・恋愛…「疑わしいものを無条件に信じて無限に追求することたる恋愛……精一ぱいの努力をする……るつぼのなかへ投げ込まれる」→恋愛自体は見つからないが、恋愛はあると信じて追い求めることで、人間は人格的に大切な何かを得る

　傍線・波線を引いた部分は、共通点として対応していると考えられます。「開墾地」は「巨万の富」という表現があるので、大切な豊かなもの、という意味だとわかるでしょう。「豊かな何かを手に入れる」＝「大切な何かを得る」は共通点（d）だとわかりますね。ただし二重傍線部の「壺」も「恋愛」も手に入らない。これも共通点（c）。波線部はc・dに至るプロセスです。「信じてとことん追求する」と、dを得るのだから、これはdへのプロセス。「るつぼのなかへ投げ込まれる」という部分の「るつぼ」は「人格的るつぼ」（L39）であり、この「るつぼ」のなかで、「葛藤」（*L*39）しながらも人格的に大切な何かを得るのです。「信じて」「追い求める」という部分も、「精一ぱいの努力」と同じく、やはりd

へのプロセスなのだとわかります。だから波線部も共通点（**b**）。
すると、両者の共通点はつぎのようになります。

b　必死に対象を獲得しようとする
c　対象自体は得られない
d　得難い大切なものを自ずから手に入れる

「共通点」を書く設問ですから、どちらか一方にしか当てはまらないような具体的な表現は使わず、両者をまとめて表現できる抽象的な表現を用いることが大事です。よく具体的に書くか、抽象的に書くかで迷うことがありますが、

梅 POINT　具体的に書くか抽象的に書くかは、傍線部自体の表現と文脈、設問の要求で決まると心得よ。

ということで、「壺」の話にしか当てはまらない「開墾地」とかを使ってはいけません。「恋愛は～であり、それと同じように壺は～」というふうに書いてもいいですが、それぞれの内容を具体的に書いた解答は、×です。

なお〈**解答例**〉の「自ずから」は*L* **23**の表現です。

問四　傍線部の理由説明問題

採点のポイント　計7点

a ムズ 恋愛という熱く激しい心理作用 ……**2点**
＊「熱さ」「激しさ（情熱）」などがあればよい。
b 苦難に満ちた内的葛藤を生じさせる ……**2点**
＊「内面における相剋」「自我拡大と自我拋棄との（内的）葛藤」も可。
c 自我の本質を明瞭に浮かび上がらせる ……**3点**
＊cが0点のものは全体0点。
＊「自我拡大と自我拋棄とのいずれかが突き抜けて現れる」なども可。一方のみは不可。
＊たんに「地金が出て来る」は不可。

「るつぼ」という表現がわからないと苦労する問題です。*L* **28**に「るつぼのなかへ投げ込まれる」という表現があるので、なにか容器のようなものだというイメージはつかめると思うのですが、それだけでは足りません。「るつぼ」は、化学で使う金属を溶かすために用いられ

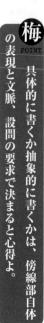

る容器です。金属を溶かすのですから、そのなかはとても熱くなります。

この知識を前提とした上で、問題を考えましょう。傍線部は、恋愛において「内的葛藤」を経験すること（＝傍線部の「これ」）が、「恋愛」が「人格的るつぼ」である「所以（＝証《あかし》、根拠）」だ、といっているのです。

そして設問は「恋愛がなぜ『人格的るつぼ』となるのか」と問うているのですから、理由説明のルールどおり、**主語の「恋愛」が「人格的るつぼ」（述語）とどのように関連をもつかを説明**すればいいのです。

ただし設問文は、傍線部と違い、なぜ「恋愛」が「『人格的るつぼ』となる」のか、と問うています。このように傍線部が〈S become V〉という原因と結果＝因果的な関係や、変化を表す形になっていて、その理由が問われたときは、

梅 POINT

傍線部が因果関係や変化を表しているとき、理由を問われたら、SからVに至るプロセスを書くことが解答となると知るべし。

たとえば〈風が吹けば桶屋がもうかる〉ということわざは、〈Sが起こるとVになる〉ということですから、〈S become V〉、つまりSとVとの因果的な関係を示しています。そのとき〈なんで？〉と問われたら、「風が吹く（S）とね→目にゴミが入ってね……→（で桶屋がもうかるの（V）さ）」と、その理由を説明します（「……」の部分は長いので、スマホとかで見てください）。こういうときの解答は、右の場合のように、S（＝主語）を示すか、Sの性質を説明としてつけたりして、主語を示したほうがキレイな解答になります。この設問でも、Sである「恋愛」は「絶対に信ずる」（*L* **26**）し、「無限に追求」（*L* **27**）する行為であり、「（熱い）るつぼのなかへ投げ込まれる」（*L* **28**）。つまり「恋愛」は〈**a　熱い（激しい）**〉（他の表現については採点例も参照）。そうした「恋愛」の性格を「恋愛＝S」の説明としてつけて解答冒頭に書くといい。それに「恋愛」が熱いのは、「るつぼ」と関係するからです。するとaは、Vへのつながりもつくるものです。だから**理由**つまり解答要素になります。

そしてつぎの段階。「恋愛」をして「人格的るつぼへ

投げ込まれる」と、この「るつぼ」では、「鉛は恋愛的活動で大いにその鉛たるところを発揮してくる。真剣になればなるほど地金が出て来る」（L31）。つまり恋愛の「るつぼ」では、人格の表面が溶かされ、**恋愛をしている人の「地金」＝本質、が現れてくる**（c）のです。この本質は「自我拡大」だったり、「自我拋棄」だったりするのですが、その「地金」が出てくる前に、最初から「兼備」（L37）されていた**自我拡大と自我拋棄との「相剋」＝「内的葛藤」、を経験**（b）します。

そして最後には「拡大」か「拋棄」か、どちらかが「突き抜けて」（L37）出てくる。ただしこれは〈本質が現れてくる〉（c）と同じことだと考えられるので、どちらかを書けばよいでしょう。傍線部直前の「内的」という語句も、こうした恋愛におけるプロセスが「人格」に関わることを示しています。

こうして熱くたぎる「恋愛」（＝S）は、「人格的るつぼ」（＝V）といえるものに「なる」のです。そして**理由**の〈プロセス〉は**a→b→c**、となります。

理由説明は、Sの性質を分析し、Vへとつながるすじみちを考えるという基本ルールをもとに、傍線部の文構造から解答の形をイメージできるということも覚えておいてください。そのためにはやっぱり傍線部の内容と構文をよく考える、ということが出発点です。

生徒の解答と採点例

恋愛という心理作用は人生の重大事件であり、真剣になればなるほど自分の地金とも言うべき本性が現れ、最後には自我拋棄さえしな

△a…1点

○c…3点（「地金」は説明して使っているので可）

×c（「自我拡大」「自我

抛棄」の一方のみは×）

ければならなくなるから。

4点

問五 **要約問題**

採点のポイント 計10点

a 恋愛は実在しないかもしれない ……**2点**

＊「恋愛は実在しない」も可。

＊「恋愛は伝説だ」は1点。

b 恋愛に憧れ、その存在を信じる ……**1点**

＊「恋愛に憧れ」る、「その存在を信じ」る、のどちらかがあればよい。

c ひたすら追い求めるというローマン的精神の働きによって ……**1点**

＊たんに「ローマン的精神」は不可。

d **ムズ** 自分の人格の本質を認識させる ……**3点**

＊たんに「内的葛藤」「内面の相剋」などは1点。

e 人生にとって重大で、至上の価値を持つ ……**3点**

＊eが0点の場合は、全体0点。

＊恋愛を重要視するという内容があればよい。

「恋愛」は問題文のテーマであり、傍線部もなく、そのうえ「文全体の趣旨を踏まえて」と書かれているので、結局要約問題だと考えていいでしょう。筆者の恋愛観は一言でいえば、**恋愛は重大（至上のもの）だ**（e）、ということになります。それは*L* **29**の「恋愛至上などという説も成り立つ」や「恋愛という心理作用は人生（人間本性の活動）の重大なまた象徴的な事件」だという表現からいえることです。

　ではなぜ「重大」なのか、それはその人間の人格の**地金（＝本質）を垣間《かいま》見せるからです**（d）。

　これが **問題文ナビ**（*L* **32**）で二つに分けた部分に対応する、大きな骨組みです。

　これをふまえて、「恋愛」についての筆者の考えを問題文の最初からたどって見ましょう。するとハイネの詩の引用部分では、**恋愛は存在しないかもしれない**（a）、ということがいわれていました。でも、**そのないかもし**

8

れないものに憧れその存在を信じて（**b**）、**恋愛をひたすら追い求める**（**c**）ことで、**d**を得る。だから**e**だ、という筆者の考えと論理をたどることができるでしょう。こうした論理的なつながりを重視して、何を書くべきかを決めることが大切です。もちろん要約といってよい設問なので、他の設問とポイントが重なりますが、どんどん書いちゃってください。

9

小説

「明るい雨空」

広島大学（改）

別冊(問題) p.58

解答例

問一 生活のために会社の仕事に追われ、心身ともに疲れているから。 10点

問二 軽い気持ちで愚かな行動をした自分の浅薄さを、深い悲しみを表しているような老人の目によって思い知らされ、人としての自分のあり方に後悔や嫌悪感を抱き続けているから。 15点

問三 老人から傘を奪ったかつての愚行を今でも恥じ、人間として大切なもののことを思っている哲雄には、若者に傘を渡すことでせめてもの償いをしたいという心情が生じている。 15点

問題文ナビ

合格点 26点

／40点

読解のポイント

Ⅰ 現在の哲雄…生活のために何かを削り取られている

↑

Ⅱ 高校生のとき…地下鉄の中で老人の傘を盗んだ

↑

Ⅲ 現在の哲雄…若い男に傘を貸す
…傘を盗んだときの、老人の悲しそうな目は削り取ることができない

ひとこと要約

人には忘れることのできないものがある。

（小説なので 200字要約 はありません）

問題文は高校生のときの事件を回想する場面を挟《はさ》んで三つに分けることができます。

Ⅰ 近ごろの哲雄（冒頭〜L16）

地下鉄の入り口で、哲雄は最近身体も神経も削られているように感じます。その削り取られたもののなかに「自分の大切なものがあったような気がして」（L9）、気持ちが重たくなります。そして地下鉄のなかで哲雄は自分の傘を見ながら、高校生のときのことを思い出します。

Ⅱ 高校生のときの事件（L18〜L63）

高校生のとき、哲雄は地下鉄のなかで老人が網棚に置いていた傘を盗みました。それは女の子と会う約束をしていた哲雄が、制服が濡れるとひどく嫌な匂いがするからという、単純で自分勝手な理由からしたことでした。

哲雄は地下鉄を降りるときに、老人の傘を素早く盗み取りました。そして哲雄は、傘の持ち主である老人を見ます。悔しがっていたり、返せと叫んでいたら、つまりそんなふうの反応ならば、予想したことだと思って階段を駆け昇れたかもしれない。でもその老人は「ことばでは言いあらわせないほどひどく悲しそうな目」（L62）をしていたのです。

Ⅲ 若い男に傘を貸す（L64〜ラスト）

その悲しそうな目は哲雄にとって予想外のことでした。その目は、傘を盗《と》られた自分を悲しんでいるのか、傘を盗った哲雄のことを悲しんでいるのか、とても気になる目で、今も忘れることができません。いずれにせよ、哲雄の行動が、老人をひどく悲しませたことはたしかです。そんなことを思い出した今日は、いつにもまして心が重く、会社帰りにまた、削り取られていくもののことを考えてしまいます。

そして「生活をする上で、自分のある部分を削り取っていくことは必要なのかも知れない」（L73）と思う一方で、削り取れないものもあるような気がするのです。

そんなとき哲雄に道を訊《たず》ねた男がいました。雨が降っているのに、その男は傘をもっていませんでした。哲雄はその男に傘を貸してやります。まるで老人に対する罪滅ぼしのように。そして、あの老人の悲しそうな目こそ、削ることのできないものだと哲雄は思います。それは〈人を悲しくさせてはいけない〉という思いを手離さない、という哲雄の思いでもあるのでしょう。最後の場面で空が心なしか明るくなったような気がしたのは、そうした思いが、哲雄が生きていくことを支えるものになったことを暗示しているとも読めます。哲雄にとって老人に悲しい目をさせてしまったことは人間として忘れてはいけないことであり、それを忘れないことが、まだ哲雄が人間であることを証《あかし》するものだからかもしれません。

テーマ　小説と虚構

小説は言葉を用いて創造される世界である以上、現実とは異なる「虚構（＝作り事の世界）」です。ではなぜ虚構は小説にとって必要なのでしょうか。一つには「真実」を描くためです。現実世界は人間に関するさまざまな営みから成り立っていて、そのどれもがそれなりの存在理由をもっています。ですが、作家が描きたいのはそのなかの「ある種の出来事」や生の感覚です。それこそが作家にとっての真実です。そうしたことがらに焦点を絞るためには、さまざまな余計なことがらを取り払った作り事の世界＝「虚構（＝フィクション）」が必要になります。つまり、「**真実を描くために嘘《うそ》が必要だ」という逆説**（＝パラドックス）が、そこには存在するのです。

そして**虚構**のなかでこそ、作者も読者も日常の自分の生とは異なる生を生きることができます。非日常的な生を生きるということを可能にしてくれるためにも、**虚構**は必要なのです。

設問ナビ

問一　**傍線部の心理の理由説明問題**

採点のポイント　計10点

a　生活のために……4点
b　仕事に追われ……2点
c　心身ともに疲れている……4点
＊「身体の調子が悪い」など、肉体の疲れのみに限定している場合は2点。

小説は、基本的には、**事実**（＝できごと）、**心理**（＝気持ち）、**言動**（＝仕草、表情、発言、行動）、という三つの要素から成り立っていることは問題文の最初にも書きました。そして大事なのは**因果関係**という**論理**です。小説の読解は感覚でもセンスでもないことをしっかり意識してください。では問題にいきましょう。

傍線部①には「思いがする」とあるので、傍線部は**心理**です。

梅 POINT　傍線部が心理を表しているときは、心理につながる事実に着目すべし。

それに設問は**理由**を問うているので、なおさら**事実→心理、という因果関係**を意識するべきです。

では傍線部の**心理**に関わる**事実**を問題文に探りましょう。傍線部の「削られている」という表現と似た表現が、「生活をする上で、自分のある部分を削り取っていく」（L73）という箇所で使われています。**小説でも類似した表現をつないで手がかりをつかむことは大切です。**するとここから〈**a　生活をしていくために**〉「削られているような思いがする」ということがわかります。また「生活」するために、**仕事や会社勤め**（**b**）をしているのであり、直接哲雄を傍線部のような思いにさせるのは、仕事や勤めです。問題文が哲雄の通勤の場面を描いていることからも、**b**を理由として解答に含めるべきです。

また傍線部の前に「身体《からだ》の調子が悪い」と書かれています。また「いつもにも増して疲れた気分でいる」（L15）とあり、哲雄が**疲れている**（**c**）ことがわかります。ただこれは身体だけの問題ではないし、傍線部には「身体も神経も」とあるので、身体に限定した書きかたはしないほうがいいでしょう。これらが**心理を生み出す事実**です。

問二　傍線部の心理の理由説明問題

採点のポイント　計15点

a　軽い気持ちで愚かな行動をした自分の浅薄さ　……**4点**

＊高校生のときにした自分の行動の愚かさ、浅薄さが示されていればよい。たんに「盗みをした」は2点。

b　深い悲しみを表しているような老人の目によって　……**3点**

c ムズ 人としての自分のあり方 ……4点
＊同様の内容があればよい。
＊「削り取れないものがある」は説明不足で不可。
d 後悔や嫌悪感を抱き続けている ……4点
＊「後悔」「嫌悪」「恥ずかしさ」「戒め」などと同様の表現があればよい。
＊dはa・cがどちらも0点の場合は不可。

傍線部②は「忘れることができないでいる」とあるので、やはり**心理**です。そこで**心理につながる事実を確認**しなければいけません。傍線部は今の時点での心理ですが、傍線部には「老人の目」とあるので、傍線部に示された現在の哲雄の心理は、高校生のときに行った盗みの際に見た、「**ひどく悲しそうな目**」（b）に源があることがわかります。これは、**かつて行った愚かな盗み**（a）**に関連があります。そしてこの〈事実〉から生じた恥の意識や後悔の念がある**（d）ことは、いうまでもありません。これらが傍線部に関わる〈事実〉です。

また「雨の日の老人の目だけは、削ることはできない」（*L*96）、と哲雄は思っています。問題文ナビ でも少し触れましたが、「削ることができない」のは、あの悲しげな老人の目を忘れずに、〈人を悲しませてはいけない〉という思いを手離さない（＝「削」らない）でいることが、今の哲雄の、人間としての最低限の倫理（＝人としてのあるべき姿についての考え）であるからです。このことは*L*96ではっきり哲雄が自覚することですが、傍線部②とつながっている*L*74でも、「削り取れないもの」について考えているので、そうした**人としてのあり方から考えた**（c）ときに、過去の盗みはなおさら「忘れることができない」ものなのです。これらa・c・dは傍線部の心理の中身です。

付け加えておくと、今回の設問のことではないですが、**傍線部の心理表現をほぼイイカエたような記述を理由説明問題の解答の末尾に入れることが、評論と同じように、傍線部とのつながりをつくる上で必要なときがあります**。ですから、

> **梅POINT** 小説の問題で心理について理由を問われたときには、傍線部の心理にも言及すべし。

です。この場合も事実だけを述べて、「老人の悲しそう

な目を覚えているから。」と答えるだけでは説明不十分だ、というのはわかりますね。

生徒の解答と採点例

傘を盗んだときの老人の目が、怒ったり悔しがったりしているのではなく、ことばでは言いあらわせないほどひどく悲しそうな目だったため、今でも後悔しているから。

△「愚かさ」がないのでa…2点
○b…3点
（aがあるので）○d…4点
9点

問三 傍線部の心情説明問題

採点のポイント 計15点

a 老人から傘を奪うという愚かなことをした……**3点**
＊〈愚かさ〉が示されていないものは2点減。

b aを今でも恥じ……**3点**
＊かつての自分の行為を今でも恥じている（後悔している）という内容があればよい。
＊bはaが0点の場合は不可。

c ムズ 人間として大切なもののことを思っている……**3点**
＊人として大切なもの／守るべきことを気にしている、という内容があればよい。
＊「削り取れないもののことを考えている」などは説明不足で不可。

d 若者に傘を渡すことで……**2点**

e ムズ 償いをしたい……**4点**
＊同様の内容があればよい。

傍線部③は哲雄のいった言葉ですから、**言動**です。また設問条件には「老人と傘とをめぐる哲雄の記憶と関係づけて」とあります。男に渡したのも「傘」です。すると、この行為と傍線部の発言は、老人の傘を奪った過去の事件と関連があることを、設問文は示唆しているのです。また傘を奪ったときに見た老人の目を、〈削ることができない〉ものとして維持していくことが、哲雄の生きかたを支えるものでもありました。するとかつての行為に対する哲雄の後悔と現在の倫理感とはつながっており、老人の傘を奪ったことへの、せめての罪滅ぼしとして男に傘を渡す、という形で、過去と現在の行為がつながっていると考えることができます。つまり、

a　かつて老人から傘を奪った（事実）

↓

b　aに対する後悔（心理）

↓

c　人間として大切にすべきもの／守るべきものがあると思う（心理）

↓

d・e　傘を渡すことで償いをしたい（心理）

↓

傍線部③（言動）

という**事実→心理→言動の因果関係**が成り立つのです。このように論理的に考えることを、小説でも忘れないようにしてください。**c**は**問二**でも触れましたが、**c**や**e**は読解に関わる難しいポイントです。

また、**c**・**e**を〈過去の行為に対する反省〉というように書いた場合は、〈削ることができない〉という重みのある思いのニュアンスが出ないので、**c**は1点、**e**として書いた場合は2点とします。

突然ですが、3＋□＝5、という算数だと□には2しか入りませんね。こんな易しくはないですが、**心理**が明確に書かれていないときは、**事実→心理→言動**の**心理**のところが？なのですから、**事実と言動ではさみ撃ち**をして、どんな**心理**があれば三つの因果関係が成り立つかを考えましょう。この問題でも**事実**と**言動**から、**d**・**e**を推論できたらナイスです。小説は共通テストでも出る確率が高いですから、できるようになってください。

10 小説

「舞踏会」

宮崎大学（改）

別冊（問題） p.66

解答例

問一

初めて臨む正式の舞踏会を前に期待が高まるとともに、自分が受け入れられる場であるかどうか心配で落ち着かなかったということ。

10点

問二

明治の西洋化の時期に育まれた、西洋風の服装や容姿を備えた若い女性の美しさ。

8点

問三

将校に会釈されてかすかに上気したのが自分でもわかったが、将校がどういうつもりで自分に声をかけたのかと疑る気持ちも抱いた。だが、真面目そうな将校と、少しでも長く二人で話をしていたいと思っている。

10点

問四

ほんの一瞬のきらめきのあとに儚く消えていく花火のように、我々の生におけるどんなに美しいことも長くは続かないのだ、という悲観的な心情。

12点

ムズ 問四

合格点 23点

/40点

テーマ〈小説〉

〈小説〉は近代に誕生しました。たとえば江戸時代には「戯《げ》作《さく》」といわれた作品群がありました。これらには作中にときどき語り手（書き手）が登場して、「これはちょっといい過ぎた」などと書かれています。

こうした作品の構造が変化し、作家は作品世界の外から作品世界を見下ろし、登場人物の心理や行動を描くことに徹する。これは、自分の世界を自分で制御していくという個人主義的な考えかたの影響でもあります。そしてこうした構造から登場人物たちの心理を描き、読者はそれに感情移入する、というスタイルが近代小説のポピュラーな形になりました。

今はSNS大はやりで、小説を読む人も少なくなったかもしれませんが、小説家である小川洋子さんの「ことり」という小説が東北大学で出題されたとき、小川さんは「受験生が（主人公の）小父《おじ》さんにひととき、心を寄せた。その体験がなんらかの形で記憶に残って欲しい」とコメントしています。

そう、小説は自分が自分以外の人間の心になれる。この世で一番わからないものの一つは他人の心。小説はそれに同化して、他者になる経験ができるのです。そしたら小説を読んだあと、いつもと少し違う自分になっているかも。小川さんはそういいたいのかもしれません。そうした他者になる経験、そして自分が変化する体験を、小説を通して、ぜひお試しを。

問題文ナビ

場面の移り変わりに合わせて、問題文を四つに分けて見ていきましょう。

Ⅰ　初めて舞踏会に行く明子（冒頭〜L19）

小説の舞台は明治十九年十一月三日。当時十七歳だった明子《あきこ》は、鹿鳴館《ろくめいかん》で行われる正式な舞踏会へ初めて出かけます。「令嬢」（L1）といわれているし、一般ピープルが簡単に鹿鳴館に行けるわけはないので、明子は良家のお嬢様なのでしょう。その鹿鳴館はやはりゴージャスで、階段の上の舞踏室からは、すでに「管絃楽《かんげんがく》の音《ね》が、抑え難《がた》い幸福の吐息のように、休みなく溢《あふ》れて来る」と描かれています。この「幸福の吐息のように」という比喩は、管絃楽の音だけではなく、初めて舞踏会に出席する明子の心の幸福感というようなものも暗示しているでしょう。

明子は前々からフランス語と舞踏を習っていましたが、それが今夜初めて行く舞踏会で通用するのか、「不安」でした。そんな不安と、先にいった幸福感や愉快な気持ちが混じりあって、明子は「落着《おちつ》かない心もち」（L9）だったのです。彼女が鹿鳴館に着くまで何度も「いら立たしい眼」（L10）で東京の町の燈火《ともしび》を見つめたのも「落着かない」気持ちだったからです。

ですが、到着した鹿鳴館のなかへ入ると、自分が抱いていた不安を忘れるようなできごとが明子を待っていました。父と明子が前を歩いていた中国の地位の高い役人の横を通り過ぎようとしたとき、彼は「呆《あき》れたような視線を明子へ投げ」（L14）かけたのです。この「呆れたような」という表現は〈バッカじゃねーの〉とかいうマイナスの視線ではなく、初々《ういうい》しく美しい「一輪の薔薇《ばら》の花」（L15）のようなその夜の明子の姿に彼が驚き、「呆《ぼう》然《ぜん》」としたことを表しています。明子は、文明開化を経験している日本の少女の美しさを存分に表していたのです。同じような視線は、階段を降りてきた日本人も示しました。そして彼が白いネクタイに手をやったのは、〈あんな美しい少女がいるんだから、自分もあの娘と踊るかもしれないし、きちっとしないとな〉と思い、自分の身だしなみを整えたのかもしれません。

Ⅱ フランスの海軍将校との出会い（L21〜L31）

舞踏室のなかも華やかでした。明子はきらびやかな女性たちのグループと一緒になりましたが、それは明子と同じくらいの年齢らしい少女たちのグループで、彼らは明子を迎えると、口々に明子の美しさを「褒《ほ》め立て」（L25）ました。

ですが明子がそのグループへ入るとすぐに、初対面のフランスの海軍将校が静かに明子に歩み寄り、日本風の会釈《えしゃく》をしました。明子は、驚きと緊張で血が頬《ほお》に上ってくるのを感じました。そしてその会釈は私と踊ってくれませんかという意味であることは明らかだったので、明子は、扇を隣の令嬢に預けようとしました。扇をもっていては踊れないですからね。そのとき意外にも海軍将校は少し不思議なアクセントの日本語で「一しょに踊っては下さいませんか」（L31）といったのです。

Ⅲ 海軍将校とのひととき（L33〜L50）

その日本語の挨拶を聞いているときにも、明子はフランス将校の目がときどき自分の手や髪、頸《くび》へと向けられているのに気がついていました（なかなか冷静な明子ちゃん）。それは不快なことではなかったのですが、とっさに彼女の頭のなかには「女らしい疑い」（L34）が浮かびました。この「女らしい疑い」とは、つぎに続く明子の行動から推測することができます。彼女はドイツ人らしい若い女性が自分たちの横を通ったときに、その自分の抱いた疑いを確かめるために、西洋の女性は美しいですね、といったのです。つまり明子は、初対面の自分をちらちらと眺めるフランス将校が、実は女性の品定めをしているプレイボーイなのではないか、それとも私を本当に美しいと思っているのか、ただ日本の女性を珍しがって近づいてきたのではないか、まあ簡単にいえば他の人ではなくどうして私（＝日本人）をダンスの相手に選んだのか、確かめたくなったのでしょう。だからわざと〈西洋の女の方はほんとうに美しいですね〉といい、どんな反応を示すか試してみようと思ったのでしょう。でも海軍将校は意外に真面目に首を振り、「日本の女の方も美しいです。殊《こと》にあなたなぞは――」と答えたのです。そして「ワットオの画の中の御姫様のようです」（L42）といいました。これで明子の疑いが晴れたのかはわかりませんが、悪い気はしなかったことは、その後の明子の様子からわかります。将校が口にした「ワットオ」のことを知らなかった明子は、ワットオという言葉から一瞬浮かんだ美しい西欧の幻影もすぐに消えてしまいましたが、でもこれで将校との会話が途切れてしまうのは嫌だった。それで「僅《わずか》にもう一つ残っている話題」（L45）を将校に語るのです。それは「私も巴里《パリー》の舞踏会へ参って見とうございますわ」という言葉でした。これは取りようによっては〈私をパリへ連れてって〉といっているようにも聞こえる言葉ですから、なかなか大胆な言葉です。でも最後ともいえるような話題がこの言葉なのですから、この言葉に明子は、西欧や将校への思いをこめたということであるのかもしれません。ですがこの言葉に対して将校は、〈パリの舞踏会も鹿鳴館の舞踏会と同じです、舞踏会はどこでも同じです〉と「皮肉な微笑」（L48）を瞳の底に浮かべながら、ひとりごとのようにいうのです。ここには明子の様子をちらりちらりと見ていた、そんな将校とは違った、少し影のある、冷《さ》めたシニカルな将校のイメージが描かれています。

Ⅳ 星月夜の下の二人（L51〜ラスト）

一時間のときが過ぎ、二人は腕を組んで舞踏室の外にある星月夜の露台（＝バルコニー、テラス）に佇《たたず》んでいました（結構親密……こうやって話のなかに語り手が登場するのが江戸時代などの〈戯作〉ふう）。空気は冷ややかで、落ち葉の匂いなどが、かすかに寂しい秋を感じさせるかのようでした。もちろんうしろの舞踏室では華やかに舞踏が行われおり、管絃楽の高い音が、人間たちを〈さあ踊れ〉というかのように叱咤《しった》激励していました。

そして空に美しい花火が上がるときは、どよめきのようなものが露台の上のほうからも起こりました。そんななかに混じって立っていた明子も、仲良くなった令嬢たちと気軽な雑談をかわしていました。でも気がついてみると将校は、明子と腕を組んだまま、一人黙って庭の上の星月夜を見ているのでした。明子にはなんとなく将校が郷愁を感じているようにも思えたので、彼の顔をそっと下からのぞき込むようにしながら、「御国（＝フランス）の事を思っていらっしゃるのでしょう」と「甘えるように尋ねて見た」（L63）のです。すると将校は微笑みを含んだ目で明子のほうを振り返り、子供のように首を振って見せました。そのときまた露台に集まっていた人々の間にざわめきが起こりました。明子と将校は話を止めて夜空のほうを眺めました。そこにはちょうど赤と青との花火が細い線を広げながら、まさに消えようとする瞬間でした。明子にはなぜかその花火が悲しいほど美しく思えました。しばらくして「私は花火の事を考えていたのです。我々の生《ヴィ》のような花火の事を」と将校は優しく明子の顔を見ながら、教えるような調子でいったのでした。

「キザー」、「花火を見ていたんだよ。僕たちの生命や人生のように、儚《はかな》い花火をね」……なかなかいえないセリフですが、ここには〈舞踏会はどこでも同じです〉といったときの将校と同じような、冷めた感性、人間の生命の有限さや人生を悲観的に見る暗さが感じられます。なぜなら「花火」と我々の生を結びつける共通点は〈儚く悲しいもの〉だと考えられるからです。それは、問題文の最後のところで、この花火がまさに消えようとする花火であったこと、明子が悲しい気がしたと感じたことをふまえれば、浮かびあがる解釈だと思います。

付け加えるとこの「舞踏会」という小説は、この将校が実際にフランス海軍士官であり、後に『お菊夫人』という小説を書くピエール・ロティだったことを、ロティとは違う人と結婚した明子が知る、という場面で終わります。もちろん芥川のフィクションでしょうけれど。でもそれはロティの書いた『お菊夫人』のモデルが明子だということを暗示しているのでしょう。花火も命も人生も、そして恋も、儚いのでした。

ひとこと要約

明子とフランス将校の、儚い花火にも似た、つかの間の出会い。

（小説なので **200字要約** はありません）

設問ナビ

問一 **傍線部の心情説明問題**

採点のポイント 計10点

a 明子には初めて臨む正式の舞踏会だった ……3点
＊「正式の」がないものは1点減。

b 期待が高まる／幸福感を抱く／楽しみ ……2点
＊bはaが0点の場合与えられない。
＊たんに「愉快」のみは不可。

c **ムズ** 自分が受け入れられる場であるかどうか心配 ……3点
＊「自分の身に付けたものが通用するか気がかり」なども可。
＊内容が説明されていれば、「不安」を使っても可。
＊「フランス語や舞踏が通用するか心配だ」なども可だが、「フランス語」と「舞踏」のどちらかがないものは2点減。

d 落ち着かない ……2点

傍線部には「愉快」と「不安」という二つの心情があります。だから**評論の傍線部内容説明問題と同じように傍線部を二つに分けて考えていきましょう**。まず「愉快」のほうから。明子は*L* **7**にあるように〈**a　今夜正式の舞踏会に臨む**〉のですが、それは〈**a　始めてのこと**〉なのです。それが十七歳の子にとっては楽しみでもあるから「愉快」なんだ、ということはわかりますね。ただし「愉快」という言葉は**イイカエ**なければなりません。*L* **5**「抑え難い幸福の吐息のように」という比喩表現がありますが、そのなかの「幸福」という言葉を使って「愉快」を〈**b　幸福感・幸福を感じる**〉などと**イイカエ**るといいでしょう。

梅 POINT 自分でイイカエる言葉を探すのは難しいから、できるだけ本文のなかにイイカエを探すべし。

そして「生まれて始めて」だからこそ、「不安」にもなるのです。「明子は夙《つと》に仏蘭西《フランス》語と舞踏との教育を受けていた。が、正式の舞踏会に臨むのは、今夜がまだ生まれて始めてであった。だから……傍線部」という文脈を考えると、〈**c　自分が身につけてきた仏蘭西語や舞踏が今日試される、大丈夫か、通用するか、という「不安（＝心配）」**〉があったのだろう、と推測できます。このことを「不安」の中身として書きましょう。

あと、傍線部と傍線部直後の「**落着かない心もち**」（**d**）とはイコールですから、これも傍線部の説明として解答に入れるべきです。「**a**だったために、**b**と**c**を感じ、**d**だった」という解答の構成ができたらエライ！

問二　傍線部の内容説明問題

採点のポイント　計8点

a　（明治の）西洋化／西欧化／近代化……1点
b　西洋風の服装／容姿を備えている……4点
c　若い女性の美しさ……3点
＊「若い／若々しさ」＝2点。美しさ／美＝1点。ただし「若い」などがなく、たんに「美」のみは不可。

この「少女」は当然明子ですから。明子がどのような姿をしているか。それが書かれている傍線部直前をふまえながら、傍線部の表現に合わせて説明していけばいいのです。そしてこれも評論の傍線部内容説明問題と同じですから、傍線部を「開化の日本」と「少女の美」に分けて考えます。

まず「開化」＝文明開化は〈a **西洋化あるいは近代化**〉ですね。それゆえ明子も和服ではなく、舞踏服にリボンをつけているのです。つまり〈b **西洋風の服装／身なり／容姿をしている**〉。aを書かなくても、bだけ書けばいい、と思った人もいると思いますが、やはり傍線部内容説明問題では、傍線部を忠実になぞるべきです。だから「開化」の意味としてaを書いたほうがいいです。1点だけど。

そして「少女の美」については、〈c **若々しい**〉少女ゆえの〈c **美しさ**〉がそこに満ちているということを書けばいいだけです。ただしただ「美」とだけ書いて、「若い」などがないと、**説明しないで傍線部の語を使っていることになるので×**。

「日本」という言葉にこだわり（「こだわり」は大切）すぎて〈洋風なんだけど日本的な〉みたいな解答を書いた人もいるかもしれません。ですが、傍線部の「開化」と「日本」は、「開化の日本」で一つの語句、つまり〈開化した日本〉っていう意味で使われていると考えられます。なので、〈日本的であるとかまだ日本的なところを残している〉とかいうことは断定できないことなので、書かないほうがいいです。あとは傍線部を上から下へとなぞるような形で解答を構成するといいでしょう。

問三　心情の移り変わりを問う問題

採点のポイント　計10点

a 将校に会釈されてかすかに上気した〈のが自分でもわかった〉 ……**3点**

＊つぎのページの解説を参照

b ムズ 将校がどういうつもりで自分に声をかけたのかと疑った ……**3点**

＊〈将校が自分に声をかけたことに対する不審感〉という内容があればよい。

c 〈真面目そうな〉将校と、少しでも長く二人で話をしていたいと思っている ……**4点**

＊〈将校と一緒にいたいと思っている〉という内容があれ

ば可。

明子が将校に挨拶されてから傍線部の前までの、明子の心理の移り変わりを説明する設問ですから、まず二人が出会ったときにどのようなことを明子が感じたかが書いてある箇所を見ましょう。

将校に会釈された明子は「かすかながら血の色が、頬《ほお》に上って来るのを意識した」(L27) と書かれています。これはよく〈上気〉というのですが、驚きや興奮、恥ずかしさなどによって気持ちが高ぶり、血が顔に上がってくることです。だから明子は初対面のフランス人に会釈されて、つまりダンスを一緒に踊りましょうという合図をされてカッと〈a **気持ちがたかぶった／とても驚いた／とても興奮した／とても恥ずかしくなった**〉ということを書けばいいのです（〈**解答例**〉の「自分でもわかった」という部分は、問題文の「頬に上って来るのを意識した」の「意識した」という〈自覚〉のニュアンスを示していますが、ポイントにはしていません）。

ですが明子は将校が「一しょに踊っては下さいませんか」といっているときにも明子の手や髪を見ているのに気づき、「女らしい疑い」を抱きます。**問題文ナビ** でもいいましたが、この「女らしい疑い」というのがどういうものかは、なかなか特定できないところがあります。そのままでは説明にならないので、**イイカエ**なければなりませんが、あまりわからないことまで一生懸命確定しようとすると、マイ・ワールド＝主観的な想像になってしまったりします。なので、できるだけいろんなことを含むことができるような抽象的な表現をしておけばよいと思います。たとえば〈b **なぜ私を選んだのか疑った／どうして私と踊りたいと思ったのかと考えた**〉などとしておくとよいでしょう。

あるいはこの「疑い」から、外国人が通ったときに、「西洋の女の方はほんとうに御美《おうつく》しゅうございますこと」といっているので、〈b **私が日本人だから踊ろうとしたのかと疑った**〉ということは成り立つと考えられます。だからこのようなところまでは書いてもよいと思います。

そのあと明子は将校との会話が途切れそうになります。すると「もう一つ残っている話題に縋《すが》る事を忘れなかった」と書かれています。そして「私も巴里の舞踏会へ参って見とうございますわ」と将校にいいます。

問題文ナビ のところでも説明しましたが、これは西洋あるいは将校への思いというようなものを示しているといえるので、〈**c　少しでも長く話をしていたいと思った／将校ともっと一緒にいたいと思った**〉などという将校への思いを、明子の気持ちの移り変わりの最後の部分として書けばいいと思います。解答の構成は時系列に即して書いていくといいでしょう。

設問文に「傍線部の前まで」と書かれているので、傍線部の腕を組む二人のことには触れないでいいです。

問四　傍線部に表れた将校の心情を問う問題

採点のポイント　計12点

a　花火はほんの一瞬のきらめきのあとに儚く消える……4点

＊「すぐに消える」などでも可。

b　**ムズ**　我々の生／生命におけるどんなに美しいこと／幸福もうつろい長くは続かない……4点

＊「美／幸福」については、a・bいずれかで触れていればよい。どちらでも触れていないものは全体から2点減。

c　**ムズ**　悲観的な／感傷的な／冷めた／憂いのある心情……4点

＊bが0点の場合はcも不可。

＊右の表現と同様の意味を表す語が使われていれば可。

〈**地固め編**〉**p.41例題3**でも確認しましたが、比喩とは、複数のものをそれらが共有している共通点をもとに結びつける表現です。**問題文ナビ** のところでも少し触れましたが、傍線部は「我々の生」と「花火」を結びつけている比喩表現です。ですからこの部分で「我々の生」と「花火」にどのような共通点があるか、それを説明することがまず必要です。〈「我々の生」と「花火」には○○の共通点がある〉という短くコンパクトな形の解答でもかまいませんが、字数的には余裕があるので、〈「花火」は○○だが、「我々の生」も○○である〉という形で書いていきます。「我々の生」を後ろにもってきたのは、最後に書くべき将校の心情が「生」に対するものであるからです。それと**日本語では後ろに書かれたも**

ののほうが重みをもつという傾向があります。そのことをふまえています。今までも「構成」という言葉を使ってきましたが、どういう順番で要素をまとめるか、つないでいくかという解答の構成を意識してください。

では共通点を探っていきましょう。「我々の生」については直接説明がないので、「花火」のほうから共通点を考えていきます。

梅 POINT　直接問題文に書かれていないことを問われても、問題文をふまえて論理的に推論すべし。

問題文ナビ で触れましたが、傍線部の前に書かれているように将校が見ていた「花火」はまさに「消えようとする」(L70)「花火」でした。それは明子を悲しい気にさせるほど美しいものでした。美しいのになぜ悲しくなるのか、それはこんなにも美しいものが儚く消えていくと思うからです。するとこの部分から、〈**a 「花火」＝悲しいほど美しいが儚く消えていくもの**〉といえます。すると「生／生命」は「花火」と共通点をもつのですから、〈**b 「我々の生」もまた今夜の二人の出会いのように美しいこと／幸福なことがあるかもしれない。でもそうしたことも儚く消えていく**〉のだ、ということになります。これで我々の生と花火の共通点は解答で示すことができますね。〈花火も我々の生も美しいが儚い〉とまとめても、**a**と**b**をゲットできます。

ただしまだ設問の求める将校の心情が説明されていない。これも **問題文ナビ** のほうで少しいいましたが、問題文全体を見ると、将校は決して明るい性格ではないことがわかります。舞踏会はどれも同じといったとき、そこには「皮肉な微笑」(L48)が浮かんでいました。腕を組んでいる明子が他の令嬢たちと話しているのに、それに加わらず一人夜空の花火を見て考えこんでいる、そんな物思いにふけるタイプ。だいたい花火を見ていて自分たちの人生も花火と同じで儚いと考える、それは〈**c 人生に対して悲観的であり、憂いを抱いている**〉といっていいでしょう。また「寂しい秋」(L55)という情景描写がありますから、少し〈**c センチメンタル(＝感傷的)になっている**〉というようなことを書いてもいいと思います。最後は「我々の生」を「花火」のようだと思う将校の心情を表す表現で締めくくってください。

梅 POINT 心情説明の設問では、心情を表す語句で解答の最後を締めくくるべし。

生徒の解答と採点例

花火のように美しいものも儚く消えていく。それと同じように、明子との美しい思い出もいつか忘れ去られていくと考え、悲しみを感じている。

○a…4点
△b…2点（「人生」のことではなく、明子との出会いに限定したものは△）
○c…4点

10点

この問題は、「花火」から「我々の生」との共通点を類推すること、そしてそう思う将校の心情を推測するということを求めている点で、難しい問題だと思います。解答に使う言葉も自分で生み出さなければいけないところがあるしね。こうしたレベルの小説の問題がきちんとできるようになれば、共通テストだろうが二次試験だろうが、絶対大丈夫です！　がんばれっ！

そして、お疲れ様でした。記述・論述というのはなかなか大変な作業です。自分が考えていることを言葉にすることは、決して易しいことではありません。でも自分で正解をつくれるという快感を味わえるようになれたらしめたものです。その境地を目指して、檄！